新时代智库出版的领跑者

中国非洲研究院文库·新时代中非友好合作

主编 王灵桂

国家智库报告（2021）
National Think Tank (2021)

中非合作论坛 20 年研究

RESEARCH ON 20 YEARS OF THE FORUM ON CHINA-AFRICA COOPERATION

张忠祥　詹世明　陶陶　著

中国社会科学出版社

图书在版编目(CIP)数据

中非合作论坛20年研究/张忠祥,詹世明,陶陶著.—北京:中国社会科学出版社,2021.5

(国家智库报告)

ISBN 978-7-5203-7945-8

Ⅰ.①中… Ⅱ.①张…②詹…③陶… Ⅲ.①区域经济合作—国际合作—研究—中国、非洲 Ⅳ.①F125.4②F140.54

中国版本图书馆 CIP 数据核字(2021)第 028952 号

出 版 人	赵剑英
项目统筹	王 茵
责任编辑	黄 晗
责任校对	刘 娟
责任印制	李寡寡

出　　版	中国社会科学出版社
社　　址	北京鼓楼西大街甲158号
邮　　编	100720
网　　址	http://www.csspw.cn
发 行 部	010-84083685
门 市 部	010-84029450
经　　销	新华书店及其他书店
印刷装订	北京君升印刷有限公司
版　　次	2021年5月第1版
印　　次	2021年5月第1次印刷
开　　本	787×1092　1/16
印　　张	12
插　　页	2
字　　数	121千字
定　　价	69.00元

凡购买中国社会科学出版社图书,如有质量问题请与本社营销中心联系调换

电话:010-84083683

版权所有　侵权必究

《中国非洲研究院文库》
编委会名单

(2021年4月)

主　任　王灵桂

编委会　（按姓氏笔画排序，共34人）

王　凤	王林聪	王灵桂	王启龙	毕健康
朱伟东	刘鸿武	安春英	李安山	李智彪
李新烽	杨宝荣	吴传华	余国庆	张永宏
张宇燕	张宏明	张忠祥	张艳秋	张振克
林毅夫	罗建波	周　弘	赵剑英	胡必亮
洪永红	姚桂梅	贺文萍	莫纪宏	党争胜
郭建树	唐志超	谢寿光	詹世明	

充分发挥智库作用
助力中非友好合作

——《中国非洲研究院文库总序言》

  当今世界正面临百年未有之大变局。世界多极化、经济全球化、社会信息化、文化多样化深入发展，和平、发展、合作、共赢成为人类社会共同的诉求，构建人类命运共同体成为各国人民共同的愿望。与此同时，大国博弈激烈，地区冲突不断，恐怖主义难除，发展失衡严重，气候变化凸显，单边主义和贸易保护主义抬头，人类面临许多共同挑战。中国是世界上最大的发展中国家，是人类和平与发展事业的建设者、贡献者和维护者。2017年10月中共十九大胜利召开，引领中国发展踏上新的伟大征程。在习近平新时代中国特色社会主义思想指引下，中国人民正在为实现"两个一百年"奋斗目标和中华民族伟大复兴的"中国梦"而奋发努力，同时继续努力为人类作出新的更大的贡献。非洲是发展中国家最集中的大陆，是维护世界和平、促进全球发展的重要力量之一。近年来，非洲在自主可持续发展、联合自强道路上取得了可喜进展，从西方眼中"没有希望的大陆"变成了"充满希望的大陆"，成为"奔跑的雄狮"。非洲各国正在积极探索适合自身国情的发展道路，非洲人民正在为实现《2063年议程》与和平繁荣的"非洲梦"而努力奋斗。

中国与非洲传统友谊源远流长，中非历来是命运共同体。中国高度重视发展中非关系，2013年3月习近平担任国家主席后首次出访就选择了非洲；2018年7月习近平连任国家主席后首次出访仍然选择了非洲；6年间，习近平主席先后4次踏上非洲大陆，访问坦桑尼亚、南非、塞内加尔等8国，向世界表明中国对中非传统友谊倍加珍惜，对非洲和中非关系高度重视。2018年中非合作论坛北京峰会成功召开。习近平主席在此次峰会上，揭示了中非团结合作的本质特征，指明了中非关系发展的前进方向，规划了中非共同发展的具体路径，极大完善并创新了中国对非政策的理论框架和思想体系，这成为习近平新时代中国特色社会主义外交思想的重要理论创新成果，为未来中非关系的发展提供了强大政治遵循和行动指南。这次峰会是中非关系发展史上又一次具有里程碑意义的盛会。

随着中非合作蓬勃发展，国际社会对中非关系的关注度不断提高，出于对中国在非洲影响力不断上升的担忧，西方国家不时泛起一些肆意抹黑、诋毁中非关系的奇谈怪论，诸如"新殖民主义论""资源争夺论""债务陷阱论"等，给中非关系发展带来一定程度的干扰。在此背景下，学术界加强对非洲和中非关系的研究，及时推出相关研究成果，提升国际话语权，展示中非务实合作的丰硕成果，客观积极地反映中非关系良好发展，向世界发出中国声音，显得日益紧迫和重要。

中国社会科学院以习近平新时代中国特色社会主义思想为指导，努力建设马克思主义理论阵地，发挥为党的国家决策服务的思想库作用，努力为构建中国特色哲学社会科学学科体系、学术体系、话语体系作出新的更大贡献，不断增强我国哲学社会科学的国际影响力。中国社会科学院西亚非洲研究所是当年根据毛泽东主席批示成立的区域性研究机构，长期致力于非洲问题和中非关系研究，基础研究和应用研究并重，出版和发表了大量学术专著和论文，在国内外的影响力不断扩大。以西亚非洲研究所为主体于2019年4月成立的中国非洲研究院，是习近平总书记在中非合作论坛北京峰会上宣布的加强中非人文交流行动的重要举措。

按照习近平总书记致中国非洲研究院成立贺信精神，中国非洲研究院的宗旨是：汇聚中非学术智库资源，深化中非文明互鉴，加强治国理政和发展经验交流，为中非和中非同其他各方的合作集思广益、建言献策，增进中非人民相互了解和友谊，为中非共同推进"一带一路"合作，共同建设面向未来的中非全面战略合作伙伴关系，共同构筑更加紧密的中非命运共同体提供智力支持和人才支撑。中国非洲研究院有四大功能：一是发挥交流平台作用，密切中非学术交往。办好"非洲讲坛""中国讲坛""大使讲坛"，创办"中非文明对话大会"，运行好"中非治国理政交流机制""中非可持续发展交流机制""中非共建'一带一路'交流机制"。二是发挥研究基地作用，聚焦共建"一带一路"。开展中非合作研究，对中非共同关注的重大问题和热点问题进行跟踪研究，定期发布研究课题及其成果。三是发挥人才高地作用，培养高端专业人才。开展学历学位教育，实施中非学者互访项目，培养青年专家、扶持青年学者和培养高端专业人才。四是发挥传播窗口作用，讲好中非友好故事。办好中国非洲研究院微信公众号，办好中英文中国非洲研究院网站，创办多语种《中国非洲学刊》。

为贯彻落实习近平总书记的贺信精神，更好地汇聚中非学术智库资源，团结非洲学者，引领中国非洲研究工作者提高学术水平和创新能力，推动相关非洲学科融合发展，推出精品力作，同时重视加强学术道德建设，中国非洲研究院面向全国非洲研究学界，坚持立足中国，放眼世界，特设"中国非洲研究院文库"。"中国非洲研究院文库"坚持精品导向，由相关部门领导与专家学者组成的编辑委员会遴选非洲研究及中非关系研究的相关成果，并统一组织出版，下设五大系列丛书："学术著作"系列重在推动学科发展和建议，反映非洲发展问题、发展道路及中非合作等某一学科领域的系统性专题研究或国别研究成果；"学术译丛"系列主要把非洲学者以及其他方学者有关非洲问题研究的经典学术著作翻译成中文出版，特别注重全面反映非洲本土学者的学术水平、学术观点和对自身发展问题的认识；"智库报告"系列以中非关系为研究主线，中非各领域合作、国别双边关系及中国与其他国际角色在非洲的互动关系为支撑，客观、准确、翔实地反映中非合作的现状，为新时代中非关系顺利发展提供对策建议；"研究论丛"系列基于国际格局新变化、中国特色社会主义进入新时代，集结中国专家学者研究非洲政治、经济、安全、社会发展等方面的重大问题和非洲国际关系的创新性学术论文，具有学科覆盖面、基础性、系统性和标志性研究成果的特点；"年鉴"系列是连续出版的资料性文献，设有"重要文献""热点聚焦""专题特稿""研究综述""新书选介""学刊简介""学术机构""学术动态""数据统计""年度大事"等栏目，系统汇集每年度非洲研究的新观点、新动态、新成果。

期待中国的非洲研究和非洲的中国研究在中国非洲研究院成立的新的历史起点上，凝聚国内研究力量，联合非洲各国专家学者，开拓进取，勇于创新，不断推进我国的非洲研究和非洲的中国研究以及中非关系研究，从而更好地服务于中非共建"一带一路"，助力新时代中非友好合作全面深入发展。

中国社会科学院副院长
中国非洲研究院院长

摘要： 中国是世界上最大的发展中国家，而非洲是发展中国家最集中的大陆，中非从来是都是命运共同体。中国和非洲在历史上一直相互同情、相互支持，结下了深厚的传统友谊。新中国成立以来，尤其是进入 21 世纪以来，中非关系之所以顺利发展，一是因为中非之间有着共同的历史遭遇、共同的发展任务、共同的战略利益；二是中国及时调整对非政策，使中非关系日益趋向成熟和务实。

冷战结束后，面对新的国际形势以及中非双方各自的发展任务，中非双方都有进一步加强磋商与合作、共同应对新世纪挑战的强烈愿望。因此，中非合作论坛在 2000 年应运而生。论坛至今已经成功举办了 7 届部长级会议和 3 届峰会，为中非双方提供了一个务实合作的平台，使得中非合作变得更加机制化和经常化。在论坛的推动下，中非关系进入了快速、全面发展的最佳时期，中非合作的领域不断拓宽，各领域的合作达到了前所未有的历史新高度。

中非合作论坛开创了中国与非洲国家共同发展的双赢局面。论坛完善了中国对非政策体系，推动了中非关系跃上新台阶，从 2000 年的"新型伙伴关系"上升为"中非命运共同体"。在论坛的推动下，中非在政治、经济、文化、安全、国际事务等领域的合作不断加强，为非洲经济发展以及和平稳定、实现"非洲复兴"注入了强劲的动力。论坛引领了国际对非合作，在论坛的影响下，传统大国和新兴国家纷纷重启或开启对非峰会外交，提升了非洲国际地位。

中非合作论坛的发展已经整整走过 20 个年头，论坛之所以能够取得巨大成功，其成功经验主要有以下六条：一是中非双方领导重视论坛，优化了论坛的顶层设计；二是论坛的合作项目契合非洲经济转型的需求，助力非洲推进工业化、经济多元化和基础设施建设；三是论坛的合作兼顾双方的利益，中国成为非洲经济增长的新因素，同时中国也在中非合作中实现了自身利益；四是论坛与时俱进，根据双方需求不断调整充实合作内容，拓展深化合作领域；五是在论坛机制的保障下，各项举措落实得力，真正做到了"言必信，行必果"；六是南南合作，为发展中国家共谋发展。上述经验也是中非合作模式的具体体现。

当今世界正在经历百年未有之大变局，全球性问题凸显，中非依存度增加，为论坛发展带来了新的历史机遇，创造了更大的发展空间。同时，我们必须看到论坛的发展也面临着诸多内外挑战。我们相信只要在习近平新时代中国特色社会主义思想的指导下，继续坚持中非合作模式，以更加开放的姿态规划并迎接中非合作论坛下一个20年，中非合作一定会取得更大的成果，中非一定会对世界做出更大的贡献。

关键词：中非关系；中非合作论坛；中非命运共同体；新时代；可持续发展

Abstract: China is the largest developing country in the world, while Africa is the continent with the largest number of developing countries. China and Africa have always been a community of shared future. In history, China and Africa have always sympathized and supported with each other and forged a profound traditional friendship. Since the founding of the People's Republic of China, especially since the beginning of the 21st century, the smooth development of China-Africa relations is firstly due to the common historical experience, common development tasks and common strategic interests. The second is China has adjusted its policy towards Africa in a timely manner to make China-Africa relations more mature and pragmatic.

Since the end of the Cold War, in the face of the new international situation and their respective development tasks, China and Africa have a strong desire to further strengthen consultation and cooperation and jointly meet the challenges of the new century. Therefore, the Forum on China-Africa Cooperation (FOCAC) was born in 2000. The FOCAC has successfully held seven ministerial meetings and three summits, providing a platform for practical cooperation between China and Africa and making China-Africa cooperation more institutionalized and regular.

Thanks to the FOCAC, China-Africa relations have entered an optimal period of rapid and all-round development. The areas of cooperation between China and Africa have been constantly expanded, and cooperation in all fields has reached an unprecedented new height in history.

The FOCAC has created a win-win situation of common development between China and African countries. The FOCAC has improved China's policy system towards Africa and lifted China-Africa relations to a new level, from the "new partnership" in 2000 to the "China-Africa Community with a Shared Future". Thanks to the FOCAC, China-Africa cooperation in politics, economy, culture, security and international affairs has been strengthened, injecting strong impetus into Africa's economic development, peace and stability and the "African Renaissance". The FOCAC has led international cooperation with Africa. Under the influence of the FOCAC, traditional major countries and emerging countries have resumed or started summit diplomacy with Africa, which has enhanced Africa's international status.

The FOCAC has gone through 20 years of development. The following six lessons have contributed to its great success. First, Chinese and African leaders have attached great importance to the FOCAC and optimized its top-level design. Second, the cooperation projects of the FOCAC meet the needs of Africa's economic transformation and help Africa promote industrialization, economic diversification and infrastructure development. Third, cooperation in the FOCAC has benefited both sides. China has become a new factor in Africa's economic growth, and China has realized its own interests in China-Africa cooperation. Fourth, the FOCAC will keep pace with the Times, constantly adjust and enrich the content of cooperation according to the needs of both sides, and expand and deepen the areas of cooperation. Fifth, under the guarantee of the FOCAC mechanism, all measures have been effectively implemented, and we have truly fulfilled the principle of "every word must be followed by action". Sixth, South-South cooperation seeks common development for developing countries. The above experience is also a concrete embodiment of the China-Africa cooperation model.

The world today is undergoing profound changes unseen in a century. Global issues are prominent and China and Africa are increasingly dependent on each other. This has created new historical opportunities and greater space for the development of the FOCAC. At the same time, we must recognize that the development of the FOCAC also faces many internal and external challenges. We believe that as long as we continue to adhere to the model of China-Africa cooperation under the guidance of Xi Jinping Thought on Socialism with Chinese Characteristics for a New Era and plan for the next 20 years of the FOCAC with a more open attitude, China-Africa cooperation will surely achieve greater results and China and Africa will make greater contribution to the world.

Key Words: China-Africa Relations; Forum on China-Africa Cooperation; China-Africa Community with a Shared Future; New Era; Sustainable Development

目　录

引　言 …………………………………………… (1)

第一章　中国对非洲战略的调整 ………………… (4)
　　一　中非关系具有深厚的历史基础 …………… (4)
　　二　非洲在中国对外战略中的地位 …………… (13)
　　三　中国对非洲战略的调整 …………………… (18)

第二章　中非合作论坛的创建与发展 …………… (27)
　　一　中非合作论坛成立的背景 ………………… (27)
　　二　中非合作论坛的创建 ……………………… (34)
　　三　中非合作论坛的发展 ……………………… (38)
　　四　中非务实合作平台的形成 ………………… (57)

第三章　中非合作论坛开创中非互利共赢新局面 ……………………………………… (61)
　　一　完善中国对非政策体系，推动中非关系跃上新台阶 ……………………………… (61)

二 促进非洲经济发展，助力"非洲复兴" …………………………………………（68）
三 引领国际对非合作，提升非洲国际地位 …………………………………………（80）

第四章 中非合作论坛的成功经验 ………（92）
一 领导重视，优化论坛顶层设计 …………（92）
二 平等协商，契合非洲发展需求 …………（96）
三 合作共赢，惠及中非双方利益 …………（101）
四 与时俱进，调整充实合作内容 …………（104）
五 机制保障，各项举措落实得力 …………（111）
六 南南合作，中非双方共谋发展 …………（117）

第五章 在新时代如何推动中非论坛可持续发展 ………………………………………（121）
一 新时代对中非关系的新要求 ……………（121）
二 中非合作论坛可持续发展面临的机遇和挑战 ………………………………（126）
三 推动中非合作论坛可持续发展的政策建议 ………………………………（152）

结束语 …………………………………………（164）

主要参考文献 …………………………………（166）

引　言

当今世界正处于百年未有之大变局，发展中国家整体性崛起正在改变着世界格局。世界多极化、经济全球化、文化多样化、社会信息化深入发展，和平与发展仍是时代主题，同时，全球深层次矛盾突出，全球性问题的挑战严峻，不稳定性不确定性增多。在合作共赢、共同发展的基础上构建人类命运共同体，建设更加美好的世界，是各国人民的共同愿望。

中非从来都是命运共同体，加强中非合作对于深化南南合作和构建人类命运共同体有着特别重要的意义。中国仍然是最大的发展中国家，而非洲是发展中国家最集中的大陆，中国与非洲在历史上一直相互支持，结下了深厚的传统友谊，今天在发展经济改善民生和实现中国梦与非洲梦的过程中需要继续相互支持与配合。在新的形势下，中非合作在双边合作的基础上，加强多边合作更加具有重要性。

2000年10月，中非合作论坛应运而生。这一创举符合时代要求,反映了新形势下中非人民求和平、谋发展、促合作的共同愿望。论坛成立20年来,已经成功召开7届部长级会议和3届峰会,中国与非洲国家团结一致、密切合作,推动这一合作机制持续向前发展、取得了重大成就。论坛成立以来的20年,也是中非关系全面快速发展的最佳时期,论坛成为推动中非关系全面发展的重要平台与机制。

中非合作论坛的发展已经整整走过20个年头,中国与非洲在这20年里已经发生了很大的变化,2010年中国已经成为世界第二大经济体,2013年中国成为全球最大的货物贸易国,2017年中国货物贸易占全球货物贸易11.4%,2019年中国GDP占全球16%。[①] 非洲这20年也发生了很大的变化,以中国为代表的新兴经济体与非洲的合作推动了非洲经济的发展,在21世纪的头一个10年,非洲年均经济增长超过5%,非洲基础设施落后的局面也有了比较大的改观,由于中非合作的推动,非洲增加了合作对象的选择,国际地位有了提升。近年来,受全球经济不景气的影响,非洲经济增长率有所放缓,2019年为3.4%,但全球10个增长最快的国家,非洲仍然占了6席,分别是卢旺达、

---

① Mckinsey & Company, *China and the World: Inside the Dynamics of a Changing Relationship*, July 2019, pp. 2 – 25. https://www.mckinsey.com/featured-insights/china/china-and-the-world-inside-the-dynamics-of-a-changing-relationship.

埃塞俄比亚、科特迪瓦、加纳、坦桑尼亚和贝宁。①

当前,中国正在以习近平同志为核心的党中央领导下,实现中华民族伟大复兴的中国梦。非洲经过自20世纪90年代以来20余年的经济中高速发展,正在寻求经济的多元化和加速非洲的一体化。与此同时,世界局势也有了新的发展,美欧一些国家民粹主义上升,逆全球化动作频频;新冠肺炎疫情的大流行对人们的生活方式和世界格局都产生了不可低估的影响。这些对中非合作论坛都提出了新的要求。

本报告试图在总结论坛发展20年的经验基础上,深入分析论坛在新的历史条件下所面临的机遇与挑战,对论坛的可持续发展提出政策建议,发挥智库学者资政与服务社会的作用。

---

① African Development Bank Group, *African Economic Outlook* 2020, pp. iii - 1. https://www.afdb.org/en/documents/african-economic-outlook-2020.

第一章 中国对非洲战略的调整

1956年中国与埃及建交开启了新中国与非洲国家的官方关系，半个多世纪以来，中非关系经历了国际风云变幻的考验，经历了从反帝反殖的同盟军到互利合作、共同发展并携手应对全球化和全球性问题挑战的全面战略合作伙伴的转变。中非双方在国际舞台上相互支持、相互配合，维护了发展中国家的利益；中非的密切合作有力地促进了中国与非洲的经济和社会发展。中非关系之所以顺利发展，其中一个很重要的原因是根据国际形势的变化和中非关系发展的需要，中国及时调整对非洲战略，做到与时俱进。

一 中非关系具有深厚的历史基础

中非关系有着悠久的历史，如果从物品交流来看，至少有3000多年的历史。根据考古发掘，在公元前

1000年古埃及的木乃伊身上发现了中国丝绸。① 如果从人员往来看，中非关系也有2000多年的历史。根据《汉书·西域传》的记载，张骞第二次出使西域，曾派副使到安息。不久，安息派遣使节随汉使来中国，"以大鸟卵及黎靬善眩人献于汉"。国内学者认为"黎靬善眩人"就是来自埃及亚历山大港的魔术师。② 唐代杜环是中国有史可考的访问非洲第一人。751年怛逻斯战役中唐军为大食所败，随军的杜环被俘，游历了西亚北非，于762年乘船回到广州，写下《经行记》。元代中非旅行家实现了互访。汪大渊，江西南昌人，周游世界近百个国家，到过北非的埃及、摩洛哥以及东非肯尼亚和坦桑尼亚的沿海地区，1339年根据其在海外20年的亲身经历写成《岛夷志略》一书。非洲摩洛哥人伊本·白图泰游历世界三大洲，访问过中国的泉州、广州、杭州和北京等地。明代郑和下西洋，四次到达非洲，接送非洲国家的使节，带去了中国的瓷器和丝绸，带回香料和长颈鹿，密切了古代中国与非洲经济和文化交流，将古代中非关系推向高潮。

近代以来，中国与非洲都遭到了西方殖民侵略，但是中国与非洲的交往并没有中断，而且在反对殖民

---

① G. Lubec, J. Holaubek, "Use of Silk in Ancient Egypt", *Nature*, March 4, 1993.
② 艾周昌、沐涛：《中非关系史》，华东师范大学出版社1996年版，第7页。

侵略的斗争中结下了深厚的传统友谊。随着澳门被葡萄牙窃取，葡萄牙殖民者把黑人奴隶输入到澳门，人数达到数千人，近代大量契约华工被贩运到非洲修铁路、挖金矿，仅在南非开采金矿的华工就有将近10万人。近代中国与非洲在反对殖民统治的斗争中结下了友谊。20世纪20年代至30年代，中国人民声援里夫共和国的斗争，声援埃塞俄比亚人民抗击意大利法西斯的入侵，与此同时，非洲人民对中国抗日战争予以声援。这些共同的遭遇和友谊为新中国与非洲国家关系的发展奠定了历史基础。

中华人民共和国的成立，开辟了中非关系的新纪元。新中国在外交上实行"另起炉灶"，在和平共处五项原则的基础上愿意与各国建立外交关系。1955年4月18日至24日，亚洲和非洲的29个国家和地区的340名代表在印度尼西亚的万隆举行了第一次亚非会议，这是亚非国家历史上第一次举行的没有殖民国家参加的大型会议，标志着第三世界开始崛起。非洲国家出席万隆会议的有埃及、埃塞俄比亚、黄金海岸（今加纳）、利比里亚、利比亚和苏丹6国的代表，南非派了观察员。4月22日周恩来设晚宴招待了参加万隆会议的埃及总理纳赛尔，中国代表团还同出席会议的埃塞俄比亚、黄金海岸、利比里亚、利比亚和苏丹的代表进行了首次接触。1956年，埃及与中国建立了外交关系并成为与新中国建交的第一个非洲国家。至1963年，中国已经先后同埃及、摩洛哥、阿尔及利亚、苏丹、几内亚、加纳、马里、索马里、扎伊尔、坦噶尼喀、乌干达11个非洲国家建立了外交关系。

20世纪50年代末60年代初，中国的国际环境变得相当严峻。一方面，美国继续敌视中国，对中国的包围和封锁没有任何松动。另一方面，中苏两党在社会主义建设和在如何处理与外部关系等问题上都存在着严重分歧，使中苏关系处于破裂的边缘。如何寻求中国外交上的突破？毛泽东看到了亚非拉民族解放运动的力量，提出了亚非拉是第一中间地带，是反对霸权主义、维护世界和平的直接同盟军和可靠力量的外交战略思想。毛泽东指出："中间地带有两个，亚洲、非洲、拉丁美洲是第一个中间地带；欧洲、北美加拿大、大洋洲是第二个中间地带。"① 因为第二次世界大战后非洲民族独立运动的高涨，殖民国家的力量被牵制在包括非洲在内的广大地区，改变着世界力量的对比。1960年有17个非洲国家独立，被称为"非洲年"。毛泽东把亚非拉看作第一中间地带的思想，为新中国制定对非洲基本政策提供了理论依据，由此推动了中国与非洲国家关系的迅速发展。1963年12月至

---

① 中华人民共和国外交部、中共中央文献研究室编：《毛泽东外交文选》，中央文献出版社1994年版，第509页。

1965年6月周恩来三次率中国代表团访问非洲，大大加强了中国与非洲国家的友好关系。

在周恩来的三次访非行程中，第一次规模最大，时间最长。从1963年12月到1964年2月，周恩来在时任副总理兼外交部长陈毅的陪同下，先后访问了埃及、阿尔及利亚、摩洛哥、突尼斯、加纳、马里、几内亚、苏丹、埃塞俄比亚、索马里共非洲10国。第二次访非是在1965年3—4月，此次访问了阿尔及利亚、阿拉伯联合共和国（埃及）。第三次是在1965年6月，先后访问了坦桑尼亚和阿拉伯联合共和国。周恩来三次访问非洲都获得了圆满的成功，所到之处受到隆重的接待和欢迎，在访非期间，周恩来同非洲国家领导人举行了会谈，双方就共同关心的国际问题和中国的合作关系交换了看法，在求同存异的基础上达成了许多共识。

周恩来在1963年12月访问埃及和阿尔及利亚时，阐述了中国在处理同非洲和阿拉伯国家的关系时的五项立场：一是支持阿拉伯和非洲各国人民反对帝国主义和新老殖民主义，争取和维护民族独立的斗争；二是支持阿拉伯和非洲各国政府奉行和平中立的不结盟政策；三是支持阿拉伯和非洲各国人民用自己选择的方式实现统一和团结的愿望；四是支持阿拉伯和非洲国家通过和平协商解决彼此之间的争端；五是主张阿拉伯和非洲国家的主权应当得到一切其他国家的尊重，反对来自任何方面的侵略和干涉。

1964年1月，周恩来访问加纳，首次提出了中国政府对外提供经济技术援助的时候，严格遵守的八项原则：第一，中国政府一贯根据平等互利的原则对外提供援助，从来不把这种援助看作是单方面的赐予，而认为援助是相互的。第二，中国政府在对外提供援助的时候，严格尊重受援国的主权，绝不附带任何条件。第三，中国政府以提供无息或者低息贷款的方式提供经济援助，延长还款期限，以尽量减少受援国的负担。第四，中国政府对外提供援助的目的，不是造成受援国对中国的依赖，而是帮助受援国逐步走上自力更生的道路。第五，中国政府帮助受援国建设的项目，力求投资少，收效快。第六，中国政府提供自己所能生产的质量最好的设备和物资，并且根据国际市场的价格议价。第七，中国政府对外提供任何一种技术援助的时候，保证做到使受援国的人员充分掌握这种技术为止。第八，中国政府派到受援国帮助建设的专家，同受援国自己的专家享受同样的物质待遇。①

周恩来在访非期间提出的这些立场、原则，体现了中国20世纪60年代对外政策的总路线，创造性地

---

① 中华人民共和国外交部、中共中央文献研究室：《周恩来外交文选》，中央文献出版社1990年版，第387—389页。

发展了和平共处五项原则和万隆会议十项原则，表明了社会主义新中国诚心诚意地同各国和平共处，帮助新兴国家发展自己独立的民族经济，不以大国自居，不牟求私利。同西方大国对非洲提供的附加苛刻条件的援助形成了鲜明对照。这些原则后来成了中国对非洲国家关系和提供经济援助的指导思想。

这一时期，中国积极支持非洲反对殖民主义，争取国家独立的斗争。从1956年的埃及苏伊士运河危机到1990年的纳米比亚独立，许多非洲国家的民族独立运动都得到了中国的大力支持。中国支持非洲各国人民的正义斗争，不仅在政治上、道义上全力支持他们，而且在物资、财政方面提供了力所能及的帮助。

中国支持非洲国家发展民族经济、捍卫国家独立。1963年10月，中国政府向阿尔及利亚政府提供了不附带任何条件2.5亿法郎的长期无息贷款。坦赞铁路就是中国援助非洲的历史丰碑。修建坦赞铁路对处于"文化大革命"期间的中国来说是巨大的考验，当时中国一穷二白，作出这样重大的决策需要很大的勇气和魄力。坦赞铁路的建设费用初期预算需要2.8亿美元，一次性拿出来，以当时中国的财力来说是不够的。但考虑到修建坦赞铁路对于非洲的重要性，中国爽快地答应下来。修成这条铁路，从勘测到施工及全部完成，估计要8年时间。这样，每年提供3000多万美元，中国就可以承受了。1967年6月24日，毛泽东在会见赞比亚总统卡翁达时说："先独立的国家有义务帮助后独立的国家。""你们修建这条铁路只有一千七百公里，投资也只有一亿英镑，没有什么了不起嘛。"[1] 坦赞铁路全程1859公里，从达累斯萨拉姆到卡皮里姆波希，从中国共运输各种设备材料100万吨，先后派遣工程技术人员近5万人次，有66名工程技术人员、翻译和工人献出了宝贵的生命。中国在自身经济还相当困难的情况下，给非洲国家以有力的支持，是南南合作的典范，"从1950年到1980年中国支持非洲独立运动，并为非洲国家援建800多个项目。这些项目包括农业、渔业、纺织、能源、基础设施、水资源保护和电力生产等"[2]。截至2009年年底，中国累计对外提供援助金额达2562.9亿元人民币。亚洲和非洲作为贫困人口最多的两个地区，接受了中国80%左右的援助。[3]

事实上，中国与非洲之间帮助是相互的。在中国援助非洲的同时，非洲国家在很多方面同样给中国有力的支持。1971年10月，在第26届联合国大会上，

---

[1]《毛泽东、周恩来等同赞比亚共和国总统卡翁达谈话记录》，载外交部政策规划司编《中非关系史上的丰碑：援建坦赞铁路亲历者的讲述》，世界知识出版社2015年版，第16—17页。

[2] Firoze Manji and Stephen Marks ed., *African perspectives on China in Africa*, Cape Town: Fahamu, 2007, p. 35.

[3] 中华人民共和国国务院新闻办公室：《中国的对外援助》白皮书，http://www.scio.gov.cn/zxbd/nd/2011/document/896471.htm。

中国以压倒性的优势，恢复了在联合国的合法席位。这其中得到了非洲国家的大力支持，76票赞成票中的26票来自非洲国家：阿尔及利亚、博茨瓦纳、布隆迪、喀麦隆、埃及、赤道几内亚、埃塞俄比亚、加纳、几内亚、肯尼亚、利比亚、马里、毛里塔尼亚、摩洛哥、尼日利亚、刚果、卢旺达、塞内加尔、塞拉利昂、索马里、苏丹、多哥、突尼斯、乌干达、坦桑尼亚和赞比亚。当毛泽东喜闻在非洲朋友的大力支持下，中国恢复了在联合国的合法席位的消息时，感慨地说，这是"黑人兄弟把我们抬进去的"[①]。

中非传统友谊经受住了国际风云变幻的考验，1989年政治风波后第一位来华访问的外长和国家元首均来自非洲大陆。他们分别是圣多美和普林西比外交部长卡洛斯·达格拉萨（1989年6月底和7月初），布基纳法索人民阵线主席、国家元首兼政府首脑布莱斯·孔波雷（1989年9月7—12日）。1990年，又有埃及、赞比亚等6国的国家元首和政府首脑访华。因为非洲国家与中国有着相似的历史遭遇，对国际问题有相同或相似的看法，共同反对外来干涉，强调尊重别国内政。因此，在许多问题上相互同情、相互支持。

在涉台问题、涉藏问题、涉疆问题等关乎中国核

[①] 吴妙发：《走进联合国》，中共中央党校出版社2000年版，第2—3页。

心利益的问题上都得到了非洲国家宝贵的支持。在历次联合国人权会议上,非洲国家支持中国,否决西方国家提出的反华提案。非洲国家还支持2008年北京奥运会和2010年上海世博会。2008年中国发生"5.12"汶川地震时,许多非洲国家不顾自身的经济贫困,仍然向中国人民提供了宝贵的支援,足见兄弟情谊。中国十分珍视同非洲的传统友谊,始终视非洲人民为完全可以信赖和依靠的全天候朋友。

二 非洲在中国对外战略中的地位

改革开放之初,中国向西方发达国家学习管理经验,引进发达国家的资金和技术,适应经济全球化的发展趋势,参与国际经济合作。中国为了集中力量抓国内建设,对非洲的援助有所放缓。当时,邓小平对来访的非洲领导人说:"我们现在还不富裕,在财力上对你们帮助不大,但我们可以把我们的经验教训告诉朋友们,这也是一种帮助。"[①] 20世纪90年代以后,由于国际形势的变化和中国的发展,非洲在中国外交中的地位迅速回升,成为中国外交的基本立足点。

从20世纪90年代开始,中国既重视与非洲的经贸合作,又重视在传统友谊的基础上深化与非洲的政

---

① 《邓小平文选》(第三卷),人民出版社1993年版,第290页。

治互信。1996年5月，江泽民访问肯尼亚、埃及、埃塞俄比亚、马里、纳米比亚和津巴布韦非洲六国，在此次访非过程中，江泽民提出了发展同非洲各国面向21世纪的长期稳定、全面合作国家关系的五点原则建议，将20世纪90年代的中非关系推向高潮。到21世纪初，"中非高层互访达800多起，其中中国领导人和外长访非160多起，非洲51个国家524位外长级以上领导人访华676人次"[①]。

当前中国正在快速发展，2010年中国的经济总量已经超过日本成为世界第二，但中国仍然是发展中大国，还不是强国，中国的发展道路还相当漫长。因为，今天中国的人均GDP只有1万美元左右，与发达国家还有较大的差距，尤其在高科技方面。中国的崛起离不开非洲这一战略依托，非洲作为中国对外战略的基本立足点，主要有以下四点原因。

第一，政治上中国仍然需要非洲国家的支持。随着中国的快速发展，中国以发展中国家为友的战略不仅不能削弱，而且应该不断加强。由于中国的社会主义性质，西方遏制中国的战略难以改变，中国在人权以及涉台、涉藏、涉疆等关乎自身核心利益的问题上都需要非洲国家的支持。非洲国家确实在这些方面给

---

① 李新烽：《非凡洲游：我在非洲当记者》，晨光出版社2006年版，第114—115页。

予中国宝贵的支持，1989年政治风波后，第一位来访的国家元首和外长均来自非洲国家。在非洲国家的大力支持下，中国一次次在联合国人权会议上挫败西方国家提出的反华提案。在反对台湾当局的"弹性外交"方面，非洲也是重要的阵地，绝大部分非洲国家坚定地支持一个中国的政策。非洲国家对中国召开北京奥运会和上海世博会都予以大力的支持。2008年"5·12"汶川地震，非洲人民纷纷慷慨解囊，足见兄弟情谊。中国人民十分珍视同非洲的传统友谊，始终视非洲人民为完全可以信赖和依靠的全天候朋友，同非洲人民永做好兄弟、好伙伴。

第二，非洲是中国实现"两个市场、两种资源"战略的重要合作伙伴。经济全球化的重要特征之一是资源的全球配置，随着中国于2001年加入世贸组织、积极参与国际经济合作，中国对国际市场的依赖越来越大。在资源方面，对中国经济发展起重要作用的45种矿产资源中有7种能基本保证满足需求，不能保证的有10种（石油、天然气、铁、锰、铜等），资源短缺、主要依靠进口的有5种（钴、铂、钾和金刚石等）。[①] 非洲的资源和市场与中国的技术和资金之间有着很强的互补性。中国作为世界上重要的工业国和贸

---

① 中国现代国际关系研究院第三世界研究中心：《当代第三世界透视》，时事出版社2001年版，第429页。

易大国，在经济全球化的背景下，已经将经济关系拓展到世界各地，其中包括非洲国家。中非经济的互补性决定了非洲是中国企业"走出去"战略的重要舞台。中国对非直接投资（非金融类）流量由2001年的5000万美元增加到2008年的9.9亿美元，年均增长53%。截至2008年年底，中国对非直接投资存量达到78亿美元。中非贸易从2001年的108亿美元增加到2008年的1068亿美元，年均增长38.7%。2011年中非贸易额突破1600亿美元。"9·11"事件以后，随着美国对阿富汗、伊拉克等地反恐战争的开辟，中国石油进口多元化的任务变得十分迫切，中国为了石油供应的安全，加快了与非洲国家的能源合作。2002年中国从非洲进口原油1580万吨，比2001年增长16.6%。2004年从非洲进口原油3530万吨，占当年进口总量的比率，首次突破30%。目前中国从非洲进口的石油约占进口总量的1/3左右。非洲已经成为中国实现能源进口多元化的重要环节。

第三，中非友好的维系与建设既需要重视硬实力的塑造，也需要重视软实力的提升。中国经济发展模式以及中非合作模式对非洲都有积极的影响。改革开放40多年来，中国从一个贫穷落后的社会主义国家迅速成长为生产总值占世界第二的新兴大国，中国的主要经验是政治上保持稳定，经济上对外开放。进入21

世纪以来，非洲一些国家的"向东看"，说明了他们对中国经验的认同。中国在与非洲国家进行经济技术合作或提供援助时，对非洲国家平等相待，不附加任何政治条件，信守诺言、高效率。当然，中国无意推销自己的发展模式，一贯主张非洲国家选择适合自己的发展道路。在帮助非洲经济社会稳定发展的同时，营造互信共享、相互理解、友好和谐文化的文化底色。2012年1月11日，中国中央电视台第一个海外分台——非洲分台的开播仪式在肯尼亚首都内罗毕举行，其宗旨是"把真实的中国介绍给非洲，将真实的非洲呈现给世界"，这是中国提升在非洲软实力的重要举措。

第四，非洲是中国构建人类命运共同体值得依靠的战略伙伴。21世纪以来，随着经济全球化深入发展，国际政治经济格局加速演变，全球发展深层次矛盾日益突出，国际力量对比日趋均衡，国际秩序和全球治理体系变革更加深入，世界进入大发展、大变革、大调整的新时期，处于百年未有之大变局。面对百年未有之大变局，中国坚持合作共赢、共同发展，主张构建更加公正合理的国际体系和国际秩序，提出构建人类命运共同体。这是着眼解决当今世界面临的现实问题、实现人类社会和平永续发展，以天下大同为目标，秉持合作共赢理念，摒弃丛林法则，不搞强权独霸，超越零和博弈，开辟出合作共赢、共建共享的发展新道路，为人类发展提供了新的选择。[①] 非洲与中国有着相似的历史和反对外来干涉发展各自经济的现实，非洲是推动建设人类命运共同体的重要依靠力量。事实上，中非从来都是命运共同体，而中非命运共同体正是人类命运共同体的基础与榜样。

三　中国对非洲战略的调整

世界在变，中国与非洲也在变，所以，中国对非洲战略的调整是必然的。中国对非洲战略和政策的调整既有大的调整，也有小的调整，最大的调整发生在20世纪80年代初。进入21世纪以来调整仍在继续，调整的目的是促进中非关系更好更快地发展。

（一）中国对非战略调整的背景

20世纪50年代中期至70年代末，对非洲战略由于受国内外因素的影响，中国在这一时期对非洲国家采取了积极友好的态度，积极支持非洲国家的民族独立，并对非洲国家进行了大量的援助，坦赞铁路已经

[①] 中华人民共和国国务院新闻办公室：《新时代的中国与世界》白皮书（2019年），http://www.scio.gov.cn/zfbps/32832/Document/1665426/1665426.htm。

成为中非友好合作的一座丰碑。中国通过支持非洲民族独立运动以及对非洲的援助,获得了非洲国家对中国的支持和中国国际地位的提高。首先,中国与许多非洲国家建立了外交关系。截至1979年,中国已经同44个非洲国家建立了官方关系。其次,中国得到非洲国家的大力支持而重返联合国。最后,中国在国际舞台上树立了自身的形象,提升了中国国际地位。

当然,这一时期,中国对非洲战略存在一些问题:(1)"以苏划线""以美划线",影响到全面发展与非洲国家的关系。非洲国家独立后,在探索自己发展道路方面大致有三种模式,其一,走社会主义道路;其二,走资本主义道路;其三,实行混合经济。一般而言,20世纪60—70年代,中国与宣布走社会主义道路的非洲国家关系更好一些,比如纳赛尔时期的埃及、尼雷尔时期的坦桑尼亚、恩克鲁玛时期的加纳和桑戈尔时期的几内亚等都是当时中国重点支持和援助的非洲国家。(2)在当时本国经济发展水平也不高的情况下对非洲国家进行了大量的单方面援助,20世纪六七十年代,中国给予非洲大力援助,包括支持非洲国家争取独立的斗争以及发展民族经济。这在当时是必要的,但是,进入20世纪80年代后,中国开始改革开放,以经济建设为中心,因而逐步调整了对非洲战略。

（二）中国对非洲战略调整的内涵

中国对非洲战略和政策的调整是经常的，但是最重要的一次调整发生在 20 世纪 80 年代初。中国对非洲政策是中国外交政策的重要组成部分，服从于每个时期的中国外交战略。20 世纪 60 年代初，周恩来访问非洲时，提出了中国在处理同非洲和阿拉伯国家的关系时的"五项立场"和中国政府对外提供经济技术援助应该遵守的"八项原则"。这些立场和原则奠定了 20 世纪 60—70 年代中非合作的基础。这一时期，中国支持非洲的民族独立运动，支持非洲国家发展民族经济，支持非洲的团结和统一。

1978 年 12 月党的十一届三中全会以后，中国实行改革开放，以经济建设为中心，对外合作开始强调互利互惠。中国的对非政策根据国内的改革开放和非洲大陆形势的变化进行了调整。1982 年年底和 1983 年年初，中国提出了新形势下与发展中国家开展经济合作的四项原则：平等互利、讲求实效、形式多样、共同发展。这一时期，中国对非政策的主要内容有以下三点：第一，全面发展与非洲国家的友好关系，不"以苏划线"和"以美划线"，淡化意识形态。中国同莫桑比克、肯尼亚、塞内加尔、埃塞俄比亚等国改善了关系，并与津巴布韦、安哥拉、科特迪瓦、纳米比亚等国建立了外交关系。第二，合作上强调互利互惠。中国除了继续对一些最不发达国家提供力所能及的援助外，将重点转到开展互利的经济技术合作上来。此后，中国同非洲国家开始进行多种形式的经济技术合作，如承包工程、提供劳务、技术服务、独资或合资经营以及双边贸易等都有较大的发展。第三，支持非洲国家选择自己的发展道路。中国和非洲国家在国际事务中不断加强磋商与合作。中国坚决支持非洲国家自主选择政治制度和发展道路，支持非洲国家反对外来干涉，通过和平协商解决非洲问题。在人权问题上双方密切合作，相互支持。中国与非洲国家加强交流治国理政的经验。1988年5月18日邓小平在会见时任莫桑比克总统希萨诺时说，"有一个问题，你们根据自己的条件，可否考虑现在不要急于搞社会主义。确定走社会主义道路的方向是可以的，但首先要了解什么叫社会主义，贫穷绝不是社会主义"[1]。

20世纪80年代中国对非洲战略的调整在当代中非关系的发展中具有重大的意义，使得中非关系更加趋向理性和务实，克服了之前的较大程度的理想主义成分。非洲国家也因此避免卷入中苏纷争。"这次调整为中国重新制定对非政策奠定了基础，并促进了中非关

---

[1] 《邓小平文选》（第三卷），人民出版社1993年版，第261页。

系逐步走向成熟。"①

　　进入20世纪90年代后，中非关系更趋成熟和务实。中国领导人江泽民、李鹏、朱镕基等接连访问非洲国家，表明中国领导人在两极格局结束后，世界朝多极化方向发展时，对非洲的重视。其中1996年5月江泽民访问非洲，是冷战结束后中国最高领导人首次对非洲的历史性访问，提出了构筑面向21世纪的长期稳定全面合作中非关系的五点建议，即真诚友好，彼此成为可以信赖的"全天候朋友"；平等相待，相互尊重主权，互不干涉内政；互利互惠，谋求共同发展；加强磋商，在国际事务中密切合作；面向未来，创造一个美好的世界。这一时期，中非合作取得长足的发展：首先，反对台湾当局"弹性外交"工作取得重大胜利。20世纪90年代初，台湾当局利用东欧剧变、苏联解体及西方国家对中国的制裁，在非洲开展所谓的"弹性外交"。随着1998年1月中国与南非的建交，这一局势有了很大的改变。因为南非是非洲大国，中南建交是中国对非外交的重大胜利。其次，经贸合作取得长足进步。中非相互探索，逐步改革双边经济合作方式，拓展经贸合作新途径，将合作的主体从双方的政府转为双方的企业。非洲成为中国企业"走出去"战略的重要舞台，经贸合作迈上了新

---

①　乔旋：《评析20世纪80年代中国对非洲外交战略的调整》，《理论界》2008年第6期，第224页。

台阶。中非贸易额由20世纪80年代末的10亿美元增加到20世纪90年代末的约100亿美元。再次，中国实现援外方式多样化，主要是以政府低息优惠贷款、援外项目合资合作、在国家财政许可的范围内继续提供适量无偿援助等方式，帮助受援国，并将援外与投资、贸易结合起来，充分发挥企业和金融机构的作用。既帮助受援国发展经济，又促进中国企业走向发展中国家市场，密切中国同非洲国家的经济合作。最后，中非在国际舞台继续互相借重。中国祖国统一大业以及在抵制西方反华提案上得到非洲国家的大力支持，中国继续在国际舞台上为非洲国家仗义执言。

进入21世纪以后，中国对非外交呈现出机制化、制度化和多边化等新的特点。2000年中非合作论坛机制的建立，成为中非务实合作的重要平台，每三年召开一届部长级会议，推出新的合作举措及行动计划，中非合作呈现出制度化多边化的特点。2006年1月12日，中国首次发表《中国对非洲政策文件》，提出中非之间建立政治上平等互信、经济上合作共赢、文化上交流互鉴的新型战略伙伴关系。2009年2月胡锦涛访问非洲四国，在达累斯萨拉姆各界欢迎大会上发表了题为"共同谱写中非友谊新篇章"的演讲，提出了发展中非关系的6点主张：第一，团结互助，携手应对国际金融危机挑战。第二，增进互信，巩固中非传统友好政治基础。第三，互惠互利，提升中非经贸务实合作水平。第四，扩大交流，深化中非人文领域合作。第五，紧密配合，加强在国际事务中的协调。第六，加强协作，共同推进中非合作论坛建设。①

（三）中国对非战略调整的特点

中国对非洲战略和政策的调整概括起来讲有以下若干特点。

第一，从无偿援助到互利互惠。改革开放之前，中国对非洲的援助主要为无偿援助，即便是低息贷款，后来也免除了债务。改革开放以来，中国在与非洲合作的时候强调互利互惠。当然，无偿援助并非全部取消，20世纪80年代有所下降，但是到90年代以后逐步增加，中非合作论坛成立后，增加的力度更大了，如2006年北京峰会上中国政府宣布到2009年时对非援助增加1倍。

第二，从意识形态划线到全方位发展。20世纪50年代至70年代，在对非合作问题上意识形态色彩比较浓厚，在发展中非关系时，人为地"以苏划线""以美划线"，影响了中国与非洲国家全面的交往。这种局

---

① 胡锦涛：《共同谱写中非友谊新篇章——在达累斯萨拉姆各界欢迎大会上的演讲》（2009年2月16日），《人民日报》2009年2月17日第1版。

面直到1982年党的十二大召开之后才改变。只要非洲国家承认一个中国，即中华人民共和国，中国就与其建交。

第三，以政治关系为主到多领域合作。改革开放之前，中非关系侧重政治关系，共同反对帝国主义和新老殖民主义，经济合作也是符合政治需要。改革开放以后，中国与非洲国家的关系趋向多元化，政治、经济、文化、国际事务的合作同时进行，当然，这些领域的合作也不完全是平分秋色的，并未做到齐头并进，中非文化交流、民间合作仍然有许多工作可做。

第四，从双边合作到双边与多边并重。中国擅长双边合作，中非合作同样如此。但在经济全球化的背景下，双边合作已经远远不够了。中非合作论坛就是中非多边合作的重要舞台，中国还加强与联合国、非洲联盟及非洲次地区合作组织的合作。当然，重视多边也不能忽视双边，而是应该多边与双边并重。

非洲是发展中国家最集中的大陆，中国重视发展与非洲国家的关系就是重视发展与发展中国家的关系，自1990年以来，中国外长把访问非洲作为每年出访活动的第一站，体现了中国对非洲的高度重视。发展中国家力量的不断增强以及团结合作，既是中国谋求共同发展的必然选择，也是推动建立公正合理的国际政治经济新秩序的重要途径。中国与发展中国家的合作，机制的创新非常重要。中非合作论坛就是这样好的机制。中国与非洲国家在继承传统友谊的基础上加强对话与合作，建立了中非合作论坛。这是中国同非洲国家在平等互利、共同发展的基础上开展集体对话、进行务实合作的重要平台和有效机制。在此基础上，中国与非洲国家建立新型战略伙伴关系和全面战略伙伴关系，将中非合作提高到了一个新的水平。

第二章 中非合作论坛的创建与发展

2000年10月中非合作论坛的创建是中非关系史上具有划时代意义的大事。中非合作论坛为中国与非洲国家加强合作提供了一个崭新的平台，使得中非合作变得更加机制化和经常化。每三年召开一次的中非合作论坛部长级会议，以及不定期召开中非峰会，出台对非合作的新举措，极大地推动了中非关系的发展。进入21世纪以来中非关系的全面、快速发展，中非合作论坛功不可没。

一 中非合作论坛成立的背景

（一）经济全球化造成非洲的边缘化

经济全球化是当代世界经济的基本特征，它是世界科技革命和市场经济发展的必然结果。"经济全球化是生产要素在全球范围内自由流动，优化配置，形成全球统一大市场，本质上是经济活动在纵向和横向或广度和深度上全球极度扩张，世界各国、各地区的经济汇成高度融合、相互依存的经济体系。"① 经济全球化的进程早已开始，自20世纪80年代以后，新技术革命的迅猛发展，使世界经济越来越融为整体，经济全球化的进程由此大大加快了。经济全球化对每个国家来说，犹如一把双刃剑，既是机遇，也是挑战。一方面，经济全球化，有利于资源和生产要素在全球的合理配置，有利于资本和产品在全球流动，有利于科技在全球的扩张，推动全球生产力大发展，这些为加速世界经济增长，为发展中国家追赶发达国家提供了难得的历史机遇。另一方面，经济全球化也加剧了国际竞争，增加了国际风险，并可能使得那些经济实力薄弱、科学技术落后的国家更加趋于边缘化。

经济全球化实际上是世界范围内的一次产业结构大调整。发达国家为了降低生产成本，把许多包括高新技术在内的生产转移到部分发展中国家。经济全球化为发展中国家利用国际资金和市场提供了难得的新机遇，20世纪八九十年代以来，随着全球化的深入发展，发展中国家吸引到了大量外资与先进技术。那些拥有相当资源优势和市场潜力、具备一定的物质基础、实行适当的改

---

① 俞正樑：《国际关系与全球政治》，复旦大学出版社2007年版，第195页。

革开放政策的国家，如中国、印度、巴西、墨西哥、南非等国有更大的可能，抓住这一历史新时期的机遇，大力发展对外贸易，吸引外资，学习和借鉴外国先进的科学技术、管理经验和一切有益的东西，趁势而上，集中力量发展生产，不断提高积累率和投资率，提高生产率和国际竞争力，成为新兴大国。非洲由于经济基础薄弱、在世界分工中处于不利的地位，在几百年的历史中一直扮演原料产地和商品销售市场的角色，因而，在经济全球化的进程中反而更加边缘化。

非洲的边缘化首先表现在外国直接投资的不足。外国直接投资不足是一些第三世界国家尤其是最不发达国家更加边缘化的原因之一。外国直接投资会带来有形、无形的外国资本，包括资本、技术、管理和市场等，促进当地经济发展。外国直接投资投向哪里，主要决定因素是获得最大利润，所以，外资纷纷投向市场潜力巨大的新兴经济体，包括中国、印度等国，对于非洲的投资严重不足。根据联合国贸发会议《1999年世界投资报告》的统计，1998年发展中国家仅占全球外国直接投资的25.8%，而非洲仅占1.2%。

其次，非洲债务负担沉重。非洲债务问题自20世纪80年代开始突出，到20世纪90年代末达到最高值，进入21世纪后，由于新兴大国加强与非洲的合作，非洲债务负担才有所缓解。1970年全非债务总额只有130

亿美元，1980 年也只达到 480 亿美元，1986 年则上升到 2030 亿美元，至 1989 年非洲的外债已突飞猛进至 2530 亿美元。① 1999 年年底非洲外债总额高达 4860 亿美元。非洲是世界上债务负担最沉重的地区。1980 年时，该地区的外债总额相当于生产总值的 39.6%，相当于出口总额的 97%。1994 年时，非洲国家所负担的债务总额已相当于总产值的 78.7%，相当于出口总额的 324%，每年出口收入的 25% 以上被迫用于还本付息。据非洲经济委员会报告，撒哈拉以南 48 个国家占世界总人口的 10% 以上，占世界贸易的比重仅为 3%，占世界总产值的比重不到 1%。非洲的人均收入在 20 世纪末不到发达国家平均水平的 1/15。②

最后，非洲国际地位一度下降。第二次世界大战后非洲人民走向觉醒，开展了轰轰烈烈的民族解放运动，20 世纪 60 年代，非洲成为国际舞台上的一支重要的力量，同时也成为美苏两霸的争夺对象。但是，随着苏联的解体和两极格局的瓦解，非洲不再成为美苏争霸的战场，其对于西方国家的战略重要性随之下降。随着冷战的结束，美国对非洲的援助从 1985 年的 17 亿美元减少到 1992 年的 12 亿美元，仅在 1994 年，美国国际开发

---

① 谈世中主编：《反思与发展——非洲经济调整与可持续性》，社会科学文献出版社 1998 年版，第 28 页。

② John S. Saul and Colin Leys, "Sub-Saharan Africa in Global Capitalism", *Monthly Review*, July-August 1999, pp. 13 – 30.

署就关闭了它在非洲的 35 个代表处中的 8 个。[①]

(二) 发展经济成为非洲国家的首要任务

1990 年纳米比亚的独立标志着非洲民族解放的完成，1994 年新南非的诞生标志着非洲政治解放的完成，发展经济、战胜贫困成为非洲国家的首要任务。相对于政治独立，经济独立、发展民族经济更加任重而道远。在非洲民族独立运动的冲击下，西方国家慑于世界格局的变化，在第二次世界大战后被迫从非洲撤离。当然，非洲国家也有经过艰苦卓越的武装斗争赢得独立的，比如阿尔及利亚和莫桑比克。非洲国家独立之后，纷纷探索自己的发展道路，有的搞社会主义，有的搞资本主义，虽然不同程度地取得一些成绩，但是真正摆脱贫困，实现经济独立的国家不多。20 世纪 80 年代西方国家和他们控制的国际金融机构用援助换取非洲国家实行经济结构的调整，事实上是推行"华盛顿模式"，成效不大。20 世纪 80 年代至 90 年代中期，撒哈拉以南非洲地区"贫困发生率呈逐年增加之势，由 1981 年的 50.8% 增至 1996 年的 57.5%"[②]。

[①] Felix M. Edoho, "Globalization and Marginalization of Africa: Contextualization of China-Africa Relations", *Africa Today*, Vol. 58, No. 1, p. 111.

[②] 安春英:《非洲的贫困与反贫困问题研究》，中国社会科学出版社 2010 年版，第 52 页。

非洲国家不甘心在经济全球化的大潮中沦为边缘化的外围地区，它们把加强包括中国在内的新兴大国的合作看作是新的机遇。因为，中国在改革开放以后的几十年时间里，年均经济增长率保持在10%左右，综合国力不断提升。埃塞俄比亚总理梅莱斯在中非合作论坛北京峰会开幕式上说："殖民主义和种族隔离制度的终结，给非洲创造了新的环境。目前，我们面临的主要挑战不是反抗殖民主义，而是战胜贫困、落后和实现经济独立。""中非战略伙伴关系自然也应当体现非洲形势的变化，适应非洲应对当前挑战的需要。"[①] 随着非洲民族解放运动的历史使命基本完成，以往建立在反帝、反殖民和反对种族主义基础上的中非关系的共同政治基础已不再适应新形势的需要。中非发展经济的共同需要以及国际舞台上相互需要、相互支持构成了新的政治合作基础。

(三) 中非关系从双边向多边发展

中非合作经历了数十年的发展，需要进行机制上的创新，以适应新的形势。中国在与非洲国家的合作中，在继续重视双边合作的同时，开始重视多边外交的积极作用。因为，随着全球化全面展开，以及国际

[①] 魏建国主编：《中非合作论坛北京峰会文件汇编》（上册），世界知识出版社2007年版，第59页。

体系转型所带来的多边合作广泛开展，外交具有真正意义上的全球意义和全球范围，多边外交因而成为外交的重要组成部分。多边外交是指两个以上外交行为主体，通过国际会议、国际组织等多种沟通渠道，就共同关心的问题进行磋商、协调，以寻求解决办法。多边外交具有合作性、广泛性和相互制约性，有一个合作大平台。

多边外交是多边主义在外交领域的体现。"作为一种组织原则，多边主义制度有三个特征与其他形式的安排不同：不可分割性、普遍的行为准则、扩散的互惠性。""扩散的互惠性（diffuse reciprocity）则抑制目光短浅的功利主义态度，它使行为者关注长远、涉及面广的收益，而不是斤斤计较每时每刻的每一件区区小事。"[1] 多边外交比起双边外交更加公开和透明，因此它的约束性更强。双边外交可以是秘密外交，也可以将之公开。但是，对多边外交而言，很难将它变作秘密外交，往往是在众目睽睽之下达成协议，或者集体开完会，将结果向外界公布。如此而言，能否履行诺言大家都看得很清楚，这样可以增加它的约束性。多边外交通常有一个合作大平台，就中非关系而言，实现多边外交的大平台就是2000年创建的中非合作论坛。

---

[1] ［美］约翰·鲁杰主编：《多边主义》，苏长河等译，浙江人民出版社2003年版，第60页。

二 中非合作论坛的创建

冷战后的国际形势发生了重大而深刻的变化,发展中国家既面临机遇,也面临挑战。面对新的国际形势,中非都有进一步加强磋商与合作,共同应对新世纪挑战的强烈愿望。中非合作论坛之所以能够在世纪之交的2000年举办,与非洲国家的推动具有密不可分的关系。在这一新形势下,马达加斯加、贝宁等非洲国家向中国提出,期望早日建立中非之间集体对话与合作机制,共同应对新时期的挑战。他们认为,非洲国家已与英、法、美、日、欧盟等建立了各种多边磋商机制,中国与非洲国家之间有着传统的友好合作关系,又有进一步加强合作的强烈愿望,双方更有必要建立类似机制,以加强磋商与合作,共同维护发展中国家的正当权益。

1999年5月,时任马达加斯加外长利拉·拉齐凡德里亚马纳纳来华访问,她与时任中国外长唐家璇会谈时恳切地说,当前国际形势发生很大变化,非洲国家迫切希望同中国建立伙伴关系,就共同关心的和平与发展问题进行磋商。她建议成立一个"中国—非洲论坛"。[①] 中国政府经过研究,决定接受非洲国家建

---

① 唐家璇:《劲雨煦风》,世界知识出版社2009年版,第433页。

议，倡议召开中非合作论坛，通过这种多边磋商形式，就面临的重大问题交换看法，协调立场，共同勾画中非在21世纪的合作蓝图。

1999年10月，江泽民致信与中国有外交关系的非洲国家元首及非洲统一组织秘书长萨利姆，正式发出召开"中非合作论坛——北京2000年部长级会议"的倡议。非洲国家予以热烈响应。11月，中非合作论坛会议筹备委员会正式成立，由时任中国外交部长唐家璇外长和时任中国外经贸部部长石广生担任名誉主席，时任中国外交部副部长吉佩定、时任外经贸部副部长孙广相任主席，除外交部和外经贸部两家牵头单位外，还包括18个与中非合作关系密切或与会议筹备有关的部委及单位。

经过中非双方一年的准备，中非合作论坛——北京2000年部长级会议于10月10日至12日召开。江泽民、胡锦涛、非洲统一组织（非洲联盟前身，以下简称"非统"）"三驾马车"，即非统前任、现任和后任主席——阿尔及利亚总统布特弗利卡、多哥总统埃亚德马、赞比亚总统奇卢巴，以及坦桑尼亚总统姆卡帕作为特邀嘉宾出席开幕式并发表重要讲话。时任中国总理朱镕基、非统秘书长萨利姆出席闭幕式并发表讲话。44个与中国建交的非洲国家的79位部长以及索马里驻华大使与会，与中国未建交的马拉维和利比里亚也派代表团以观察员身份与会。包括非统组织、联合国开发计划署、联合国非经委在内的17个国际和地区组织的代表作为"应邀嘉宾"出席，加上在华参加中非经贸研讨班和非洲青年外交官访华团的40多名学员，及40多位非洲企业家，非洲方面与会者超过500人。中非双方本着平等磋商、增进了解、扩大共识、加强友谊、促进合作的宗旨，就新形势下如何推动建立公正合理的国际政治经济新秩序和加强中非在经贸等领域的合作两大议题，深入地交换了意见。

会议通过了《中非合作论坛北京宣言》（以下简称《宣言》）和《中非经济和社会发展合作纲领》（以下简称《纲领》），为中国与非洲国家发展长期稳定、平等互利的新型伙伴关系确定了方向，规划了2001年至2003年三年中非合作的主要内容。

《宣言》集中反映中非双方对重大国际和政治问题以及中非友好合作关系的共识。《宣言》认为中非合作论坛是中国与非洲在平等互利基础上的集体对话框架，谋求和平与发展是中国和非洲国家的共同目标。《宣言》强调中非同属发展中国家，根本利益一致；中非在国际事务中保持密切磋商，对巩固发展中国家间的团结，进一步推动建立国际新秩序具有十分重要的意义。《宣言》指出，中非在经贸领域的合作具有可观的潜力，加强这一合作符合双方的现实和长远利益。《宣言》在分析当今国际政治经济形势现状以及非洲国家面临的困难和挑战的基础上,作出了平等参与国际事务、和平解决国际争端、加强联合国安理会在维护国际和平与安全方面的作用、各国有权选择自己的发展道路、致力于非洲的团结与和平、解决非洲国家的债务问题和拓展中非合作等十项宣示。①

《纲领》主要阐述中非双方进一步加强在各实质性领域合作的意向、设想、步骤和具体行动。《纲领》的序言部分着重指出,中国与非洲有必要建立起一种充满活力的新型伙伴关系,在平等和相互尊重的基础上,在各个领域尤其是经济和社会发展领域进行合作,以振兴、发展并扩大中非在 21 世纪的合作。中国与非洲应协调立场,在建立世界新秩序中发挥影响,使之反映双方的需要和利益。中非将在未来发展中遵循以下合作原则:平等互利,形式与内容多样化,注重实效,实现共同发展,以友好方式消除分歧。《纲领》提出的合作领域包括:政府间合作,贸易和投资,工程和其他基础设施项目合作,金融合作,减免债务,旅游业,农业合作,自然资源和能源开发利用,科技与文化合作,医疗卫生合作,教育和人力资源开发,环境管理和生物多样性等。《纲领》还提出中非双方

---

① 《中非合作论坛北京宣言》,http://www.focac.org/chn/ltda/dyjbzjhy/zyjh12009/t155560.htm。

应加强在联合国体系、联合国贸发会议和世界贸易组织等多边领域的合作与磋商，以维护发展中国家的共同利益；在多边经济贸易体制改革和有关规则的制定中，协调立场、增强发展中国家的集体谈判能力，为国际关系民主化和建立公正合理的国际经济新秩序而共同努力。《纲领》最后确立了相关的后续机制：三年后举行部长级会议，评估纲领的实施情况；两年后举行高官会议；定期举行驻华使节会议。高官会议和部长级会议将在中非合作论坛的框架内，在中国和非洲轮流举行。①

三　中非合作论坛的发展

自2000年首届中非合作论坛举办以来，中非合作论坛已经举办了七届，其中第三届、第六届和第七届会议由部长级会议升级为首脑级的峰会。随着双方对彼此需求的变化，尤其是非洲对中国需求的变化，中非在论坛框架下的合作领域也在不断拓展与深化，且在不同时期凸显或增加了新的内容。就发展的时序而言，中非合作论坛可以被划分为三个阶段，每个阶段的合作重心均有所侧重：第一阶段是从2000年第一届

---

① 《中非经济和社会发展合作纲领》，http://www.focac.org/chn/ltda/dyjbzjhy/zyjh12009/t155561.htm。

部长级会议到 2009 年第四届部长级会议，合作主要集中在经济领域，经历了从贸易为主到贸易与投资并重的变迁。第二阶段是从 2009 年第四届部长级会议到 2015 年约翰内斯堡峰会，在继续深化中非经贸合作的同时，人文交流受到重点关注。第三阶段是从 2015 年约翰内斯堡峰会至今，经济合作进入产能合作、产业对接和共建"一带一路"新时期的同时，和平安全合作成为重要领域，治国理政经验交流成为新的亮点。[①]

（一）第二届部长级会议

2003 年，中非合作论坛第二届部长级会议在埃塞俄比亚首都亚的斯亚贝巴召开。这是中非合作论坛首次在非洲举办。亚的斯亚贝巴会议的主题为：务实合作、面向行动。会议通过了《中非合作论坛——亚的斯亚贝巴行动计划（2004—2006 年）》。

第二届中非合作论坛在机制创新方面进行了有益的尝试。其一，在论坛举办的同时，召开了首届中非企业家大会，为中国与非洲国家企业家的交流与合作提供了良好的平台。这被以后的中非合作论坛所继承，至 2018 年中非合作论坛北京峰会，中非企业家大会已举办了六届。其二，增加了中非合作论坛机制与非洲

---

① 沈晓雷：《论中非合作论坛的起源、发展与贡献》，《太平洋学报》2020 年第 3 期，第 84—85 页。

联盟的合作和"非洲发展新伙伴计划"（NEPAD）的协调与合作。首届中非合作论坛召开时，非洲联盟尚未成立，非洲联盟是在非洲统一组织的基础上成立的非洲一体化组织。非统组织的主要使命是实现非洲大陆的政治解放，而非洲联盟的主要任务是推动非洲的经济发展，最终成立非洲合众国。第二届中非合作论坛通过的行动计划就已经明确提出与非洲联盟的协调与合作，"中方对 NEPAD 的实施和非洲区域合作所取得的进展感到鼓舞，并将支持和帮助非洲国家实现非洲大陆和平与发展的目标。中国将在中非合作论坛框架下采取具体措施，在基础设施建设、传染病（艾滋病、疟疾和肺结核等）防治、人力资源开发和农业等'非洲发展新伙伴计划'确定的优先领域，加强与非洲国家和非洲区域、次区域组织的合作"[①]。其三，加强中非之间的文化交流。当代中非关系发展半个多世纪以来，相对于政治交往和经济合作，文化交流、民间交流显得比较薄弱，中国普通民众对非洲文化了解不够。非洲普通民众对中国文化的了解恐怕比中国人了解非洲文化还要少一些，大多停留在功夫片的层次。这种状况对中非关系的可持续发展是非常不利的，亟待改变。所以，在第二届中非合作论坛上，中方决定

[①]《中非合作论坛——亚的斯亚贝巴行动计划（2004—2006年）》，http://www.focac.org/chn/ltda/dejbzjhy/hywj22009/。

举办"中非青年联欢节"、以非洲为主宾洲的"相约北京"国际艺术节和"中华文化非洲行"活动，以增进中非人民，特别是年轻一代的相互了解。

第二届中非合作论坛在首届论坛的基础上，增加合作的力度，深化中非合作。（1）增加对非人力资源培训名额。首届中非合作论坛中方设立了"非洲人力资源开发基金"，为非洲培训各类人员近7000名。第二届论坛的行动计划规定，今后3年，将增加33%的资金投入，举办300期培训班，为非洲培养、培训1万名各类人才。（2）加强中非旅游合作。首届论坛中非旅游合作开始起步，埃及、南非和摩洛哥三国成为中国公民出国旅游的目的地。第二届论坛上，中国在非洲的中国公民旅游目的地新增8个：毛里求斯、津巴布韦、坦桑尼亚、肯尼亚、埃塞俄比亚、塞舌尔、突尼斯、赞比亚。（3）进一步开放市场，对非洲最不发达国家部分商品进入中国市场提供便利。首届中非合作论坛的行动计划规定，"鼓励中国企业根据市场需求和条件，优先进口非洲产品"。第二届中非合作论坛在扩大非洲出口方面有具体的举措，如中方决定给予非洲最不发达国家进入中国市场的部分商品免关税待遇，中方将从2004年开始，与有关国家就免关税的商品清单及原产地规则进行双边谈判。2005年1月，中国政府决定单方面给予苏丹等25个最不发达国家特殊关税优惠政策，为其提供更多的贸易机会。

（二）北京峰会暨第三届部长级会议

2006年，第三届中非合作论坛在北京召开，并首次被提升为峰会。担任北京峰会筹备委员会主任的时任中国外长唐家璇回忆道："外交部经过研究，认为举行中非领导人峰会既可满足非洲国家希望提升论坛规格的愿望，又可以体现中国对非洲的重视，有利于宣介中国对非合作新举措，同时还便于与非洲国家领导人直接沟通。于是，外交部建议将中非合作论坛的第三届部长级会议作为特例，召开中非领导人峰会。"[①] 北京峰会的会议主题为：友谊、和平、合作、发展。胡锦涛在北京峰会上提出了八项举措。会议通过了《中非合作论坛北京峰会宣言》和《中非合作论坛——北京行动计划（2007年至2009年）》，决定建立和发展政治上平等互信、经济上合作共赢、文化上交流互鉴的中非新型战略伙伴关系。

2006年北京峰会是中非合作论坛二十年发展历程中首次被提升为峰会的一届，也是前三届中非合作论坛中级别最高的一届。当时非洲53个国家中，48个与中国建交的国家均派出代表与会，包括35位国家元

[①] 唐家璇：《亲历中非合作论坛北京峰会》（上），《秘书工作》2010年第2期，第37页。

首、6位政府首脑、1位副总统、6位高级别代表以及非洲联盟委员会主席。时任南非总统姆贝基感叹说："有些非洲领导人多年都不参加非洲联盟的首脑会议，这次却到北京来了，比我们非洲联盟自己开会来得都齐。"这体现了非洲国家对中非合作论坛寄予的厚望。

在中非合作论坛北京峰会暨第三届部长级会议上，中非领导人一致同意建立"中非外长政治磋商机制"，在每届部长级会议次年的联合国大会期间举行。2007年9月26日，首届中非外长磋商会议在纽约举行，中国和48位非洲国家外长或代表与会，会议发表了《中非外长政治磋商联合公报》，"强调中非外长政治磋商的重要意义，及其作为一种新的有效后续机制，对于落实和加强中非新型战略伙伴关系，加强政治对话，以及增进双方在国际和地区事务中的合作的重要性"[①]。中非外长政治磋商机制是一种新的后续机制，有利于加强中非政治对话，有利于落实北京峰会及以后中非合作论坛的行动计划。

此外，北京峰会召开前夕还举办了"中非妇女论坛""新闻研讨会"等新的对话机制。中非合作论坛的合作领域已经从政治层面扩大到经济、文化层面，从政府间对话延伸到企业、传媒界、民间友好团体之

---

① 《中非外长政治磋商联合公报》，https：//www.fmprc.gov.cn/ce/ceun/chn/hyyfy/t367119.htm。

间的合作对话。

《中非合作论坛——北京行动计划（2007—2009年）》的主要内容体现在胡锦涛代表中国政府宣布的旨在加强中非务实合作、支持非洲国家发展的八项政策措施之中。与前两届中非合作论坛相比，北京行动计划中可量化的内容多了，这说明合作成果的可操作性进一步加强、合作的内容更加深化。胡锦涛提出的八项举措有的是根据中非关系发展的需要提出的新举措，有的是在原有合作基础上增加援助力度。

设立中非发展基金是北京峰会上中国政府提出的新举措。它的目的是鼓励中国企业到非洲投资，基金总额逐步达到50亿美元。非洲国家从他们自身减贫的经验出发，希望外部更多地投资非洲以及发展贸易关系，而不是纯粹的援助，因为，西方国家在半个世纪里对非洲提供了约1万亿美元的援助，但是效果不佳，非洲学者将它称为"死亡的援助"[1]，对中国与非洲的合作充满期待。另外，中国参与经济全球化已经从招商引资开始向利用国内国际两个市场、两种资源以及企业"走出去"转变，而非洲恰恰是当前中国企业"走出去"的最佳舞台。

在非洲国家设立3—5个经贸合作区是中国政府提

---

[1] Dambisa Moyo, *Dead Aid: Why Aid Is Not Working and Now There Is Another Way for Africa*, London: Allen Lane, 2009.

出的八项举措之一。中非经贸合作区集贸易、投资、生产于一体,实现了从贸易到投资、从市场到设厂的过渡,充分发挥中方资金、技术和产业优势,发挥非方资源和市场优势,是中非经贸关系发展到新的历史阶段的产物。设立中非经贸合作区对于非洲工业化是一次难得的机遇。因为,经贸合作区的设立,通过中方的招商引资,可以大大缓解非洲工业化普遍遇到的资金不足和技术短缺的问题,还可以带来先进的管理经验和产品的销售渠道。设立中非经贸合作区有利于中国中小企业走出去。时任世界银行行长佐利克予以积极评价,他说,"中国政府在非洲一些国家支持建立工业园区,它使中国超越矿业和基础设施领域的投资,为非洲创造就业岗位提供非常好的机会,这是非常值得欢迎的事情"[1]。

2006年北京峰会推出的八项举措更多的是在前两届论坛的基础上增加中非合作的力度。如胡锦涛在北京峰会上提出"扩大对非洲援助规模,到2009年使对非洲国家的援助规模比2006年增加1倍"。为了帮助非洲国家的出口,中国进一步向非洲开放市场,把同中国有外交关系的30个非洲最不发达国家输华商品零关税待遇受惠商品由190个税目扩大到440多个。3年

---

[1] Nation to hike SEZ spending in Africa, http://english.peopledaily.com.cn/9001/90778/90861/7140431.html.

内向非洲国家提供 30 亿美元的优惠贷款和 20 亿美元的优惠出口买方信贷。人力资源培训早在首届论坛就开始实施，中方设立了"非洲人力资源开发基金"，在华举办了形式多样的对非人才培训班，为非洲培训各类人员近 7000 名。第二届论坛培训非洲各类人才 1 万名，第三届论坛提出为非洲培训培养 15000 名各类人才，比上一届增加 50%。

（三）第四届部长级会议

2009 年，中非合作论坛第四届部长级会议在埃及红海海滨城市沙姆沙伊赫召开。会议主题为：深化中非新型战略伙伴关系，谋求可持续发展，会议通过了《中非合作论坛沙姆沙伊赫宣言》和《中非合作论坛——沙姆沙伊赫行动计划（2010—2012 年）》。本届部长级会议是在国际形势不断变化、国际金融危机影响持续蔓延、中非关系面临新的机遇和挑战的背景下举行的。时任中国总理温家宝在会议开幕式上宣布了推进中非合作的八项新举措。

新举措涉及农业和粮食生产，医疗卫生和重大疾病防治，教育、培训和学者交流，清洁能源和卫生用水，提供贷款，促进贸易，减免债务，扩大投资等内容。这些表明中国将继续深化中非务实合作，携手应对金融危机和气候变化等挑战；帮助非洲国家不断改善基础设施，巩固经济和社会发展基础；支持非洲国家减贫努力，提高农业、教育和医疗水平，改善民生；加大人力资源开发合作力度，着力为非洲培训培养一批经济社会发展急需的技术和管理人才。

具体而言，新八项举措之一是提供各类信贷资金，帮助非洲国家发展经济，共同应对国际金融危机。"增加非洲融资能力，向非洲国家提供100亿美元优惠性质贷款；支持中国金融机构设立非洲中小企业发展专项贷款，金额10亿美元。"中非合作论坛北京峰会上，中国政府提出向非洲国家提供30亿美元的优惠贷款和20亿美元的优惠出口买方信贷。第四届部长级会议将对非优惠贷款扩大一倍，从50亿美元增长到100亿美元。这是为进一步推动中非经贸往来，帮助非洲国家尽快摆脱当前国际金融危机的不利影响，缓解非洲发展过程中资金不足的困难。

新八项举措之二是与非洲国家一起应对全球性问题的挑战。加强清洁能源开发利用和卫生用水合作，帮助非洲国家提高适应气候变化、保护环境、保障人民用水安全的能力。为非洲国家援助100个沼气、太阳能、小水电等小型清洁能源项目和小型打井供水项目。

新八项举措之三是加强与非洲的科技合作。倡议启动"中非科技伙伴计划"，实施100个中非联合科技研究示范项目，接收100名非洲博士后来华进行科研工作，并为其回国服务提供资助。

新八项举措之四是加强中非民间的交流，包括智库之间的交流。时任中国总理温家宝在中非合作论坛第四届部长级会议上倡议启动"中非联合研究交流计划"，旨在促进学者、智库交往合作，交流发展经验，并为双方出台更好的合作政策提供智力支持。

此外，新八项举措还有一些是在原有基础上的发展和延伸。在中非农业合作方面，中国将为非洲国家援建农业技术示范中心的数量增至20个，派遣50个农业技术组。

在人力资源培训方面，2006年北京峰会提出"为非洲培训培养15000名各类人才"，第四届论坛提出"为非洲培训各类人才总计2万名"，增幅为33%。

在向非洲国家开放市场方面，中国在中非合作第四届论坛上决定："扩大对非产品开放市场，逐步给予非洲与中国建交的最不发达国家95%的产品免关税待遇，2010年年内首先对60%的产品实施免关税。"为了帮助非洲商品出口到中国，专门设立"非洲产品展销中心"。该中心设在中国浙江省义乌市的国际商贸城，总面积5000平方米，重点引进非洲特色产品，通过借助义乌国际小商品贸易的平台作用和品牌效应，向中国的消费者甚至全世界推介非洲商品。"中心"对入驻的非洲企业给予减免费用等优惠和各项便利。

（四）第五届部长级会议

2012年，中非合作论坛第五届部长级会议在北京召开。会议主题为：继往开来，开创中非新型战略伙伴关系新局面，会议通过了《中非合作论坛第五届部长级会议北京宣言》和《中非合作论坛第五届部长级会议——北京行动计划（2013—2015年）》两个文件，全面规划了今后3年中非关系的发展方向和中非合作的重点领域。

胡锦涛在开幕式上代表中国政府宣布了今后3年在投融资、援助、非洲一体化、民间交往以及非洲和平与安全五大领域支持非洲和平发展、加强中非合作的一系列新举措，主要有以下三项举措。

第一，扩大投资和融资领域合作，为非洲可持续发展提供助力。中国向非洲国家提供200亿美元贷款额度，重点支持非洲基础设施建设、农业、制造业和中小企业发展。

第二，继续扩大对非援助，让发展成果惠及非洲民众。中国适当增加援非农业技术示范中心，帮助非洲国家提高农业生产能力；实施"非洲人才计划"，为非洲培训3万名各类人才，提供政府奖学金名额

18000个,并为非洲国家援建文化和职业技术培训设施;深化中非医疗卫生合作,中方派遣1500名医疗队员,同时继续在非洲开展"光明行"行动,为白内障患者提供相关免费治疗;帮助非洲国家加强气象基础设施建设和森林保护与管理;继续援助打井供水项目,为民众提供安全饮用水。

第三,支持非洲一体化建设,帮助非洲提高整体发展能力。中国同非方建立非洲跨国跨区域基础设施建设合作伙伴关系,为项目规划和可行性研究提供支持,鼓励有实力的中国企业和金融机构参与非洲跨国跨区域基础设施建设;帮助非洲国家改善海关、商检设施条件,促进区域内贸易便利化。

此外,第五届部长级会议还倡议开展"中非民间友好行动",在华设立"中非新闻交流中心",继续实施"中非联合研究交流计划",资助双方学术机构和学者开展100个学术研究、交流合作项目;发起"中非和平安全合作伙伴倡议",深化同非盟和非洲国家在非洲和平安全领域的合作,为非盟在非开展维和行动、常备军建设等提供资金支持,增加为非盟培训和平安全事务官员和维和人员数量。[①]

[①] 胡锦涛:《开创中非新型战略伙伴关系新局面——在中非合作论坛第五届部长级会议开幕式上的讲话》(2012年7月19日,北京),载中华人民共和国外交部《中非合作论坛第五届部长级会议文件汇编》,世界知识出版社2012年版,第8—9页。

(五) 约翰内斯堡峰会暨第六届部长级会议

2015年12月，中非合作论坛约翰内斯堡峰会暨第六届部长级会议在南非召开，这是中非合作论坛首次在非洲举办峰会，主题为：中非携手并进：合作共赢、共同发展。会议通过了《中非合作论坛约翰内斯堡峰会宣言》和《中非合作论坛——约翰内斯堡行动计划（2015—2018年）》。

在约翰内斯堡峰会上，习近平主席代表中国政府宣布将中非新型战略伙伴关系提升为全面战略合作伙伴关系，与非洲共同实施"十大合作计划"：中非工业化合作计划、中非农业现代化合作计划、中非基础设施合作计划、中非金融合作计划、中非绿色发展合作计划、中非贸易和投资便利化合作计划、中非减贫惠民合作计划、中非公共卫生合作计划、中非人文合作计划、中非和平与安全合作计划。

约翰内斯堡峰会提出的"十大合作计划"主要有以下特点。

第一，加大投入，大幅度提升中非合作力度。为确保"十大合作计划"顺利实施，中方决定提供总额600亿美元的资金支持，资金支持额度是第五届部长级会议的3倍，包括：提供50亿美元的无偿援助和无息贷款；提供350亿美元的优惠性质贷款及出口信贷额度，并提高贷款优惠度；为中非发展基金和非洲中小企业发展专项贷款各增资 50 亿美元等。在人力资源合作领域，中国为非洲培训 20 万名职业技术人才，提供 4 万个来华培训名额；为非洲提供 2000 个学历学位教育名额和 3 万个政府奖学金名额；每年组织 200 名非洲学者访华和 500 名非洲青年研修；每年培训 1000 名非洲新闻领域从业人员。在农业合作领域，中方将在非洲 100 个乡村实施"农业富民工程"，派遣 30 批农业专家组赴非洲，建立中非农业科研机构"10＋10"合作机制。中方高度关注非洲多个国家受厄尔尼诺现象影响致粮食歉收，将向受灾国家提供 10 亿元人民币紧急粮食援助。此外，还有实施 50 个促进贸易援助项目，支持非洲改善内外贸易和投资软硬条件；为非洲 1 万个村落实施收看卫星电视项目；等等。总之，与第五届部长级会议相比，"十大合作计划"的措施不管在资金还是在目标数量上均有大幅度的提高。

第二，合作举措具有针对性，契合非盟的《2063 年议程》。2015 年 6 月，第 25 届非盟峰会通过了规划非洲未来 50 年发展的《2063 年议程》。"十大合作计划"中的一些措施充分考虑到了《2063 年议程》中提及的非洲的特点和需求，做出了有针对性的回应。例如：实现工业化是非洲经济转型发展的需要，非方在《2063 年议程》中提出到 2063 年非洲制造业占 GDP 比重50%以上、吸纳超过50%新增劳动力的目标,强调非洲要进一步提升商品附加值、提高劳动力技能水平、实现经济增长和工业化。针对这一情况,约翰内斯堡峰会提出了"中非工业化合作计划":中方将积极推进中非产业对接和产能合作,鼓励支持中国企业赴非洲投资兴业,合作新建或升级一批工业园区,向非洲国家派遣政府高级专家顾问。设立一批区域职业教育中心和若干能力建设学院,为非洲培训20万名职业技术人才,提供4万个来华培训名额。此外,基础设施相对滞后是制约非洲一体化和自主可持续发展的主要瓶颈之一。因此,非方在《2063年议程》中提出了通过高速铁路网和交通廊道连接非洲首都和商业中心、提高民航效率、强化港口和海运产业的构想。针对非方的这一构想,约翰内斯堡峰会也适时提出了"中非基础设施合作计划",助力非洲建设完善基础设施。

第三,与时俱进,拓展中非合作领域。十项计划中包括金融合作、绿色发展合作、和平与安全合作等,这表明随着时代发展,中非合作已不仅限于经济,而是正在拓展到更广阔的领域。[①] 以和平与安全合作为例,和平与安全合作虽然从中非合作论坛创建以来就是中非合

---

① 新华网:《"十大合作计划"助力中非关系升级》,2015年12月5日,http://www.xinhuanet.com/world/2015-12/05/c_128501681.htm。

作的一项内容，但是直到 2015 年，中非双方仍未建立正式的安全合作伙伴关系。在约翰内斯堡峰会上，和平与安全合作成为中非合作的重要领域之一，被列入"十大合作计划"：中方未来 3 年将向非盟提供 6000 万美元无偿军事援助，支持非洲集体安全机制建设，包括非盟快速反应部队和非洲常备部队建设；加强安全方面的情报信息交流和经验分享，及时分享信息，支持彼此防范和打击恐怖主义；中方将继续积极参与联合国在非洲的维和行动，向非方提供维和培训支持；等等。

（六）北京峰会暨第七届部长级会议

在约翰内斯堡峰会取得圆满成功后，2018 年新一届论坛会议将在中国举行，许多非洲国家普遍希望将 2018 年论坛会议升格为峰会。2018 年 9 月，中非合作论坛北京峰会暨第七届部长级会议在北京召开，主题为"合作共赢，携手构建更加紧密的中非命运共同体"。这是中非合作论坛成立以来的第三届峰会，也是论坛历史上首次连续两届举办峰会。会议通过了《关于构建更加紧密的中非命运共同体的北京宣言》和《中非合作论坛——北京行动计划（2019—2021 年）》。

在 2018 年北京峰会上，习近平主席代表中国政府宣布将全面战略合作伙伴关系提升为中非命运共同体，中方愿在中非"十大合作计划"基础上，同非洲国家密切配合，未来3年和今后一段时间重点实施产业促进行动、设施联通行动、贸易便利行动、绿色发展行动、能力建设行动、健康卫生行动、人文交流行动、和平安全行动"八大行动"，支持非洲国家加快实现自主可持续发展。

在"十大合作计划"的基础上，"八大行动"结合了中非合作的实践经验与非洲实际情况，强化升级现有的合作举措，并提出一系列新的合作机制。与"十大合作计划"相比，2018年北京峰会提出的"八大行动"主要有以下特点。

第一，推动中非关键领域合作机制化。2018年北京峰会进一步强调了和平安全合作的重要性，安全共筑被列入中非命运共同体的"六大内涵"，和平安全行动也是"八大行动"之一。因此，为了加强中非和平安全合作，2018年北京峰会推动了中非在和平安全领域合作的机制化，设立中非和平安全论坛和中非执法安全合作论坛。此外还设立了一系列机构和机制来推动中非合作的机制化，如设立中国非洲研究院；设立中国—非洲经贸博览会；成立中国在非企业社会责任联盟；建立电子商务合作机制；推进中非环境合作中心建设，建设中非竹子中心。

第二，新增能力建设行动。据联合国统计，目前非洲人口为13亿人，其中15岁以下人口比例为40%，

30岁以下人口比例高达70%。非洲正处于人口红利潜力期，迫切需要提高青年劳动技能，增加有效就业，将潜在人口红利转化为现实发展动力，推动非洲国家社会稳定和经济发展。[①] 非盟《2063年议程》明确提出，支持青年成为非洲复兴的动力，要让70%的青年拥有一技之长。因此，2018年北京峰会有针对性地新增了能力建设行动，推出一系列措施，如在非洲设立10个鲁班工坊，向非洲青年提供职业技能培训；支持设立旨在推动青年创新创业合作的中非创新合作中心；实施头雁计划，为非洲培训1000名精英人才；为非洲提供5万个中国政府奖学金名额，为非洲提供5万个研修培训名额，邀请2000名非洲青年来华交流等。

第三，将减贫惠民合作融入产业、设施、贸易、发展、能力建设、健康卫生行动中。减贫合作不是一项单一的事业，而是一项综合性工程，和平稳定的发展环境、完善的医疗卫生条件、便捷化的贸易、绿色发展与生态环境、产业的发展、发展技能的获得等都有利于减贫实现的事业，都是一项项惠民工程。[②]

[①] 商务部：《中非合作论坛北京峰会"八大行动"内容解读》，2018年9月19日，http：//www.mofcom.gov.cn/article/ae/ai/201809/20180902788421.shtml。

[②] 中国社会科学网：《中国对非"八大行动"："十大合作计划"加强升级版》，2018年9月10日，http：//www.cssn.cn/zzx/yc_zzx/201809/t20180910_4557665.shtml？COLLCC=3724151812&。

第四，治国理政经验交流成为新亮点。2018年北京峰会全面提升了治国理政经验交流在中非合作中的重要地位，不但将能力建设作为"八大行动之一"，将治国理政经验交流上升到"政治合作"层面，而且明确表示治国理政经验交流的目标是支持非洲国家自主探索适合自身国情的发展道路。为了深化治国理政经验交流，中非双方举办中非治国理政论坛，在中非合作中不断加强发展思路和理念对接；加大政党高层交往频率，深化政治互信，提升干部培训合作水平；加强地方政府交流，支持双方建立更多友好省市关系，完善"中非地方政府合作论坛"机制等。

四　中非务实合作平台的形成

第一届中非合作论坛部长级会议的召开具有开拓意义，向外界正式宣告了中非之间集体对话机制的诞生。它是中国与非洲国家之间集体对话与合作的一个新平台。非洲与不少国家建立过类似对话机制，在中非合作论坛建立之前已经有欧洲—非洲峰会，日本与非洲之间有东京非洲发展国际会议，后来又有韩国—非洲论坛、印度—非洲论坛峰会、土耳其—非洲峰会、拉美—非洲峰会等。但中非合作论坛的独特性在于，它不仅是中国首次与另外一个大陆之间建立的对话磋商机制，更是中非务实合作的一个重要平台。

在中非合作论坛的框架下进行务实合作，靠的就是完备的机制。中非合作论坛第一届部长级会议上通过的《中非经济和社会发展合作纲领》中规定，中非双方同意建立后续机制，定期评估后续行动的落实情况。2001年7月，中非合作论坛部长级磋商会在赞比亚首都卢萨卡举行，讨论并通过了《中非合作论坛后续机制程序》。2002年4月，后续机制程序正式生效。中非合作论坛后续机制建立在三个级别上：部长级会议每三年举行一届；高官级后续会议及为部长级会议做准备的高官预备会分别在部长级会议前一年及前数日各举行一次；非洲驻华使节与中方后续行动委员会秘书处每年至少举行两次会议。部长级会议及其高官会轮流在中国和非洲国家举行。中国和会议承办国分别担任主席国和共同主席国，共同主持会议并牵头落实会议成果。部长级会议由外长和负责对外合作或财经事务的部长参加，高官会由各国主管部门的司局级或相当级别的官员参加。2006年论坛北京峰会后，双方还建立了在联合国大会期间举行中非外长级政治磋商机制。

通过论坛的这些后续行动机制，中非双方可以根据形势或需求的变化，适时适度地调整措施、策略，以便更好地落实论坛设定的合作目标。

中非合作论坛涉及中国和非洲多个政府部门，如何有效协调,光靠外交部或者商务部显然是不够的,因此有一个后续行动委员会。2000年11月,中非合作论坛中方后续行动委员会成立,目前共有36家成员单位:外交部、商务部、财政部、文化和旅游部、中央对外联络部、国家发展改革委、教育部、科技部、工业和信息化部、自然资源部、生态环境部、交通运输部、农业农村部、国家卫生健康委员会、中国人民银行、海关总署、税务总局、国家市场监督管理总局、国家广播电视总局、国家国际发展合作署、国家新闻出版署、国务院新闻办、中国银行保险监督管理委员会、国家能源局、中国民航局、国家药品监督管理局、国家电影局、国务院扶贫办、共青团中央、中国贸促会、全国工商联、国家开发银行、中国进出口银行、中国出口信用保险公司、中国银行、北京市政府。外交部长和商务部部长为委员会名誉主席,两部主管部领导为主席。委员会下设秘书处,由外交部、商务部和财政部有关司局组成,外交部非洲司司长任秘书长。秘书处办公室设在外交部非洲司。

论坛机制的作用还在于,中国政府借助这一平台对中非各领域合作进行为期三年的前期总体规划,使中非合作步入规划发展的轨道。[①] 中非合作论坛成立的

[①] 张宏明:《论坛机制助推中非合作转型升级》,《当代世界》2018年第2期,第49页。

这二十年间是中国政府出台对非政策和措施最为频繁的时期。这些政策和措施几乎涵盖了中非合作的各个领域。不同时期中国对非政策的重点也在历届中非合作论坛得到了体现。2000年第一届部长级会议到2009年第四届部长级会议，合作主要集中在经济领域，经历了从贸易为主到贸易与投资并重的变迁；从2009年第四届部长级会议到2015年约翰内斯堡峰会，在继续深化中非经贸合作的同时，人文交流受到重点关注；从2015年约翰内斯堡峰会至今，经济合作进入产能合作、产业对接和共建"一带一路"新时期的同时，和平安全合作成为重要领域，治国理政经验交流成为新的亮点。

正因为中非合作论坛有机制上的保证，所以，与其他国际对非合作平台相比，中非合作论坛成效最大。自2000年创立以来，论坛每三年举行一次部长级会议，交替在中国和非洲国家举办，迄今已举办七届部长级会议和三届峰会，推动着中非合作向全面、深入和快速的方向发展。

第三章　中非合作论坛开创中非互利共赢新局面

中非合作论坛开创了中国与非洲国家共同发展的双赢局面。中非合作论坛通过定期出台新举措，深化与非洲合作，推动非洲的发展，并且带动国际社会对非洲的关注。同时，中非合作论坛体现了新时期中国对非洲政策取向。

一　完善中国对非政策体系，推动中非关系跃上新台阶

在中国外交布局中，发展中国家是基础，而非洲是基础中的基础。中国作为新兴大国在迅速崛起中，不仅需要统筹国内和国际两个大局、利用好两种市场和两种资源、鼓励企业走出去，而且需要有外交上的依托力量。非洲是发展中国家最集中的大陆，与中国有着深厚的传统友谊，在国际舞台上与中国有着共同

的或相似的看法，是中国重要的依靠力量。

中非合作论坛的成立和发展推动着中国完善对非政策体系。每一届中非合作论坛通过的宣言和行动计划是对今后三年中非合作的具体规定，内容往往涉及政治、经济、文化、国际事务等诸多方面，使得中非合作具体化、程序化。中国首个对非洲政策文件是在中非合作论坛2006年北京峰会召开前夕出台的，该政策文件适应了中非合作论坛成立以来中非关系发展的需要。2015年12月，中国第二份对非洲政策文件在中非合作论坛约翰内斯堡峰会上出台，旨在全面阐述新形势下中国对非洲政策新理念、新主张、新举措，以指导今后一段时期中非各领域交流与合作。这份对非洲政策文件，将习近平主席提出的中非命运共同体、对非合作的"真实亲诚"四字箴言以及正确义利观等对非合作的新思想作了阐述。

中非合作论坛是中国与非洲国家合作的多边平台，论坛本身促进中国与非洲多边外交的发展。比如，自第三届论坛以来成立的外长集体磋商机制，对中非共同关心的问题进行磋商，并且发表公报，宣示中非之间达成的共识。此外，论坛推动中国对非洲地区和次地区组织的重视，以期加强与非洲地区和次地区组织的合作。"中国赞赏非洲联盟在维护地区和平与稳定、促进非洲团结与发展中的重要作用，重视与非洲联盟在各领域的友好合作，支持其在地区和国际事务中发挥积极作用并提供力所能及的帮助"。中国赞赏并支持非洲次区域组织在推动各自地区政治稳定、经济发展和一体化进程中的积极作用，愿意加强与各组织的友好合作。这一机制的有效运行，使中非合作逐步从双边走向双边与多边并重，从而将中非关系提升到一个新的水平。

中国对非合作牵涉众多部门，比如外交部主管对非外交，包括高层互访；商务部负责对非经贸和对非援助；农业部涉及中非农业合作，负责向非洲国家派遣农业技术人员；等等。原先，对非合作由多个部门分头制定和执行，一定程度上存在彼此沟通和协调问题，不同部门内部也有职能重叠现象。论坛的创设，对协调对非政策、整合各方资源起到了积极作用，它使得中国的对非政策更加完善。因为由36家单位组成的论坛后续行动委员会就比较好地整合对非合作资源。

中非合作论坛创立以来，注重与时俱进，每届都有自己的特点。2003年第二届论坛部长级会议开始，增加了中非企业家大会，使得论坛成为企业家合作的桥梁，第三届中非企业家大会，吸引了千名中非企业家参加。2006年论坛第三届部长级会议暨北京峰会，双方合作机制又有所创新，使中非外长在联合国大会期间举行外长级政治磋商实现机制化。此外，还建立了高官会议及中方后续行动委员会秘书处与非洲驻华使团磋商等机制及程序。第四届论坛上，双方又提出适时召开中非文化论坛，加强文化部门间的定期磋商，以及出台"中非联合研究交流计划"。该计划主要是为了加强中国学者与非洲学者的交流，推动中国学者对非洲的研究，服务于中非友好的大局。第五届论坛上，启动中非文化人士互访计划、中非广播电视媒体合作论坛及中非民间友好行动。2015年约翰内斯堡会议，和平安全合作成为"十大行动计划之一"，在安全上守望相助成为中非全面战略伙伴关系的"五大支柱之一"。2018年北京峰会进一步突出了安全合作的重要性，和平安全成为"八大行动之一"，设立了中非和平安全论坛和中非和平安全合作基金。此外，治国理政经验交流也是2018年北京峰会的亮点之一。在历届中非合作论坛的推动下，中非双方不断扩大合作领域、深化合作，共同促进中非友好关系的发展。

中非合作论坛成立以来的二十年是中非关系发展最快的时期，在中非合作论坛的引领和推动下，中非关系跃上了新的台阶，表现在以下几个方面。

首先，中非关系的定位不断提升，中非合作的成员不断增加。在论坛机制的推动下，中非关系定位从2000年的"新型伙伴关系"，到2006年的"新型战略伙伴关系"，再到2015年的"全面战略合作伙伴关系",最后到2018年的"中非命运共同体",实现了历史性的"四连跳"。① 同时,中国与一些非洲国家的双边关系也得到不断提升。目前,中国与6个非洲国家建立了全面战略合作伙伴关系:莫桑比克、刚果(布)、塞拉利昂、塞内加尔、纳米比亚和津巴布韦;与3个非洲国家建立了全面战略伙伴关系:阿尔及利亚、埃及和南非;与3个非洲国家建立了战略伙伴关系:安哥拉、摩洛哥和尼日利亚。此外,中非合作的成员在中非合作论坛的推动下也不断增加。2000年中非合作论坛成立时,有8个非洲国家没有和中国建交或复交。在中国和布基纳法索于2018年5月复交后,目前只有斯威士兰一个非洲国家没有同中国建交。

其次,中非高层交往频繁,政治友好关系继续发展,中非关系定位不断提升。中国领导人访问非洲十分频繁,习近平担任和连任中国国家主席后,首次出访均选择非洲,6年来已4次踏上非洲大陆,足迹遍布南非、坦桑尼亚和津巴布韦等8个非洲国家,会见非洲国家元首或政府首脑近百人。在2008年5月四川汶川大地震发生后,非洲国家对中国纷纷表示同情和慰问,与中国建立外交关系的49个非洲国家政府以及非洲联盟委员会均向中国领导人致电表示慰问和哀悼,

---

① 沈晓雷:《论中非合作论坛的起源、发展与贡献》,《太平洋学报》2020年第3期,第89—90页。

许多非洲国家不顾自身的困难为中国地震灾区慷慨解囊。2010年有21位非洲国家领导人参观上海世博会和出席相关活动。2020年，在中国抗击新冠肺炎病毒最艰苦的时刻，非洲国家政府和非盟委员会均对中国表示慰问与支持，很多非洲国家在力所能及的范围内向中国提供物资、资金等支持。非洲国家在关乎中国主权和领土完整的台湾、涉藏等问题上继续给予中国宝贵支持。

再次，经贸合作继续扩大。中非合作是互利共赢的，给双方带来的是实实在在的利益。中非贸易额从2000年的106亿美元增加到2019年的2087亿美元，自2009年起中国已成为非洲第一大贸易伙伴，近年来对非洲经济增长的贡献率超过20%。中国对非直接投资净额从2000年的2亿美元增加到2018年的53亿美元，同期，对非直接投资存量从不到5亿美元增加到461亿美元。即便是在经受国际金融危机冲击、中国自身也遇到很大困难的情况下，中国仍然没有减少反而增加了对非援助和投资，全面兑现了中非合作论坛北京峰会各项承诺。为了规范中国企业在非洲的行为，有效地协调企业利益与国家利益，2008年5月7日，国务院第八次常务会议通过了《对外承包工程管理条例》，并于同年9月1日起正式施行。中非民间经贸合作得到重视，2008年4月28日，中非民间投资论坛在坦桑尼亚北部城市阿鲁沙举行，会上提出制定中非民营企业合作中长期发展规划，并建立中非民营企业合作的资金支持机制。①

最后，中非在国际事务中相互支持与配合，共同维护发展中国家权益。中国在联合国、20国集团、金砖国家合作组织和气候变化大会等各种国际组织和场合一如既往地支持非洲的合理主张和正义立场。中国支持非洲联盟和非洲次区域组织联合自强、维护地区和平以及推动经济一体化建设的努力，任命了中国政府非洲事务特别代表，并积极参与联合国在非维和行动。中国人民解放军海军舰艇编队于2008年12月26日下午从三亚起航，赴亚丁湾、索马里海域执行护航任务，至2020年5月，中国已经向该海域派出35批护航编队。截至2019年12月，30余批护航编队100余艘次舰艇共护送中外船舶6700余艘次。②

不可否认，中非合作也面临着挑战。中非合作面临的外部竞争加剧，中国在非洲的利益与西方大国在非洲既得利益的矛盾，西方炒作中国在非洲搞所谓的"新殖民主义"也是在这种背景下出台的。2006年北

---

① 高潮：《中非民间投资论坛在坦桑尼亚举行》，http://www.fmprc.gov.cn/zflt/chn/zfjmhz/t449355.htm。

② 央广网：《中国海军护航编队：11年来护送中外船舶6700余艘次》，2019年12月24日，http://military.cnr.cn/zgjq/20191224/t20191224_524909942.html。

京峰会召开以来，新兴大国纷纷建立对非合作机制，如印非峰会、韩非峰会等。非洲国家对国际伙伴利用能力的提升增加了非洲国家的灵活性，却给中非关系的发展带来了不确定性。① 此外，随着非洲的政治发展，在反对党"打中国牌"、西方媒体和非政府组织的影响下，非洲对中国的认知也趋向多元和复杂。②

二 促进非洲经济发展，助力"非洲复兴"

非洲复兴是非洲几代人的梦想。早在19世纪末，"非洲民族主义之父"——爱德华·威尔莫特·布莱登大力倡导非洲人的团结，主张建立一个强大的西非国家，以保证世界各地的非洲人的利益。他提出以"非洲个性"为中心的民族主义思想，他将黑人看作一个整体，提出共同命运说，主张世界各地的黑人联合起来。非洲独立之后，以恩克鲁玛为代表的第一代非洲国家领导人高举非洲复兴的旗帜。恩克鲁玛主张通过非洲统一实现非洲复兴。20世纪90年代末，姆贝基赋予非洲复兴以新的内涵。1996年5月8日时任南非副总统的姆贝基在南非宪法会议上发表演讲，在这篇题

---

① 周玉渊：《中非合作论坛15年：成就、挑战与展望》，《西亚非洲》2016年第1期，第14页。
② Barry Sautman and Yan Hairong, "Africa Perspectives on China-Aferica Links", *The China Quarterly*, Vol. 199, 2009.

为"我是非洲人"的演讲中,姆贝基提出了非洲复兴的思想。[①] 1999 年姆贝基就任南非总统后大力推动非洲复兴。为了赋予非洲复兴理念以具体的形式,姆贝基与其他一些非洲国家领导人共同推出"非洲发展新伙伴计划",以集体方式作出承诺,保证促进民主准则、公众参与、良政和合理的经济管理。

进入 21 世纪以来,随着非洲一体化的不断推进以及非洲经济的较快发展,国际社会对非洲大陆的看法有了明显的变化,一改冷战结束初期对非洲悲观的评价,如"问题大陆""失望大陆"等。2011 年 12 月 3 日英国《经济学人》周刊称,"非洲是个希望的大陆:非洲正在复兴"。2012 年年初,埃塞俄比亚总理梅莱斯在非洲联盟第 18 届首脑会议开幕式上说:"我们梦寐以求的非洲复兴已经开始。"[②] 2015 年 1 月,第 24 届非盟首脑会通过了作为"非洲愿景和行动计划"的《2063 年议程》,文件的副标题是《我们想要的非洲》,文件提出了七大愿景,描绘了 2063 年非洲复兴的宏伟蓝图。当前,非洲复兴主要表现在一体化取得的进展和非洲经济的较快发展。当然,非洲复兴也面临着诸

---

① Elias K. Bongmba, "Reflections on Thabo Mbeki's African Renaissance", *Journal of Southern African Studies*, Vol. 30, No. 2, 2004, pp. 291 – 316.

② 《The African Renaissance is Beginning— Meles Zenawi》, http://allafrica.com/stories/201201290046.html.

多内外挑战：和平与安全问题的反复性、经济结构调整的困境，一体化的障碍和外部新干涉主义的抬头等。

从20世纪90年代中期开始的非洲大陆大约二十余年的经济快速增长，其中2004—2014年，非洲大陆年均经济增速超过5%。[1] 非洲经济的快速增长既有内部原因，又与良好的国际环境有关。从内部原因来看，一些饱经战乱的非洲国家局势趋于稳定，为经济发展提供了前提条件。许多非洲国家采取以市场为导向的政策，正在培育一个更加有利的投资环境。从外部因素来看，近年来，国际市场对石油和矿产等非洲传统出口商品的需求旺盛，促进了非洲的出口。此外，还有中非合作论坛的推动作用。中非合作论坛创立以来的一系列举措，为非洲经济发展做出了重要贡献。通过中非合作论坛这一引擎，中国已经成为非洲经济发展的新动力。"非洲大陆与以中国为代表的金砖国家的经济联系日益密切，成为非洲国家经济发展的驱动力。"[2]

首先，中国向非洲开放市场，促进了非洲国家的出口。

中非合作论坛成立的二十年是中非贸易快速发展的

---

[1] World Economic Forum, The Africa Competitiveness Report 2017, https://www.weforum.org/reports/africa-competitiveness-report-2017.

[2] 舒运国：《2013年非洲经济形势》，载舒运国、张忠祥主编《非洲经济发展报告（2013—2014）》，上海人民出版社2014年版，第13页。

二十年。中非贸易额由 2000 年的 160 亿美元增加至 2019 年的 2087 亿美元。2009 年中非贸易额受国际金融危机的影响下降为 910 亿美元，但中国在 2009 年成为了非洲最大的贸易伙伴。在成为非洲最大的贸易伙伴后，中非贸易额稳步增长。2000—2012 年，中非贸易占非洲对外贸易总额的比重从 3.82% 增加到 16.13%。其中，非洲对中国出口的商品占比由 3.76% 上升到 18.07%，从中国进口商品占比从 3.88% 上升到 14.11%，增长迅速。[1] 2014 年，中非贸易额达到了创纪录的 2216.7 亿美元。此后虽然有所下滑，但在 2018 年又逆势增长至 2041.6 亿美元，2019 年再次小幅增长至 2087 亿美元。经过这二十年的快速发展，2019 年的中非贸易额已经是 2000 年中非贸易额的 13 倍。

这些年来中非贸易额的增长得益于中非合作论坛的推动。因为，每届论坛都会出台一些促进中非经贸的举措，包括免关税行动等。如首届中非合作论坛通过的《中非经济和社会发展合作纲领》提出："在中国设立'中国—非洲产品展示展销中心'，促进双向贸易，便于非洲产品进入中国市场。" 2003 年通过的《中非合作论坛——亚的斯亚贝巴行动计划（2004—

---

[1] 中华人民共和国国务院新闻办公室：《中国与非洲的经贸合作白皮书》（2013），http：//www.scio.gov.cn/zfbps/ndhf/2013/Document/1344913/1344913.htm。

2006年)》又进一步提出："中方决定给予非洲最不发达国家进入中国市场的部分商品免关税待遇，中方将从 2004 年开始，与有关国家就免关税的商品清单及原产地规则进行双边谈判。"2006 年北京峰会上通过的《中非合作论坛——北京行动计划（2007—2009 年)》关于对非洲免关税规定得更详细："中方承诺进一步向非洲国家开放市场，将同中国有外交关系的非洲最不发达国家输华商品零关税待遇受惠商品由 190 个税目扩大到 440 多个税目，并尽快与有关国家进行磋商，早日签署协议并付诸实施。"第四届中非合作论坛中方承诺进一步向非洲国家开放市场，"决定逐步给予与中国有外交关系的非洲最不发达国家 95% 的产品免关税待遇，2010 年年内首先对 60% 的产品实施免关税"[①]。第五届部长级会议进一步提高免税产品比例，"中方承诺进一步向非洲国家开放市场。决定在南南合作框架下，逐步给予与中国建交的非洲最不发达国家 97% 的税目的产品零关税待遇。为保证零关税待遇有效实施，中方愿与非洲国家建立零关税原产地磋商机制并完善零关税实施合作机制"[②]。2015 年约翰内斯堡峰会在维

[①] 《中非合作论坛——沙姆沙伊赫行动计划（2010—2012 年)》，http://www.focac.org/chn/dsjbzjhy/bzhyhywj/t626385.htm。

[②] 《中非合作论坛第五届部长级会议——北京行动计划（2013—2015 年)》，载中华人民共和国外交部《中非合作论坛第五届部长级会议文件汇编》，世界知识出版社 2012 年版，第 248—269 页。

持原有零关税待遇承诺的基础上强调对零关税待遇的落实，"中方将继续积极落实给予非洲同中国建交的最不发达国家大多数输华产品零关税待遇承诺，根据双边换文情况给予有关国家97%的税目输华产品零关税待遇"①。2018年北京峰会继续强调对零关税待遇承诺的落实，"中方将继续积极落实给予同中国建交的非洲最不发达国家97%税目输华产品零关税待遇承诺，根据双边换文情况给予有关国家上述优惠待遇，并采取有效举措促进受惠国家享惠便利化"②。在这二十年中，中国对非洲国家输华产品免税的范围不断变大，并重视零关税承诺待遇的落实情况，直接拉动了中国从非洲相关国家受惠商品的进口大幅度增长。

其次，中国对非投资稳步提升，推动非洲国家经济发展。

为推动中国企业对非洲投资，2006年北京峰会设立中非发展基金，基金总额逐步达到50亿美元。基金于2007年6月开始运营，首期规模为10亿美元，是中国第一支专注于非洲投资的股权基金。2015年约翰内斯堡峰会宣布为基金再增资50亿美元，基金总规模达到100亿美元。中非发展基金按照商业化原则运作，

---

① 《中非合作论坛——约翰内斯堡行动计划（2016—2018年）》，https：//www.focac.org/chn/zywx/zywj/t1327766.htm。
② 《中非合作论坛——北京行动计划（2019—2021年）》，https：//www.focac.org/chn/zywx/zywj/t1592247.htm。

旨在引导和鼓励中国企业对非投资，在不增加非洲债务负担的情况下，通过投入资本金，以市场化方式增加非洲自身发展能力。截至 2019 年 2 月，中非发展基金累计对非洲 36 个国家的 92 个项目决策投资 46 亿美元，涉及装备制造、基础设施、能源矿产、金融、农业民生等领域，带动非洲国家约 100 万人口就业，创造税收超过 10 亿美元。92 个决策投资项目全部实施后，预计可撬动中国企业对非投资近 230 亿美元。①

随着中非合作论坛的日趋成熟，中国对非洲直接投资发展迅速，已成为非洲第四大投资来源国，仅次于美国、英国和法国。2009—2012 年，中国对非直接投资流量由 14.4 亿美元增至 25.2 亿美元，年均增长 20.5%，存量由 93.3 亿美元增至 212.3 亿美元，增长 1.3 倍。② 截至 2018 年年底，中国在非洲设立的各类企业超过了 3700 家，对非全行业直接投资存量超过 460 亿美元。③ 中国对非洲投资合作现已涵盖建筑业、交通运输、制造业、采矿业、金融业、商务服务业、

---

① 王东：《中非合作论坛：引领中非经贸合作蓬勃发展的动力源》，《国际商报》2019 年 2 月 11 日第 6 版。
② 中华人民共和国国务院新闻办公室：《中国与非洲的经贸合作白皮书》（2013），http://www.scio.gov.cn/zfbps/ndhf/2013/Document/1344913/1344913.htm。
③ 新华网：《2018 年中非贸易额达 2042 亿美元 同比增长 20%》，2019 年 6 月 4 日，http://www.xinhuanet.com/fortune/2019-06/04/c_1124583019.htm。

农业等各个领域。① 中国对非洲的投资促进了非洲国家经济的发展，增加了当地的就业机会，带去了适合非洲国家的技术，增强了非洲国家自主建设的能力，受到普遍欢迎。

再次，中国对非工程承包促进了非洲基础设施建设。

基础设施落后严重制约了非洲经济的发展，基础设施领域的合作也就成了中非合作的优先领域。历届中非合作论坛都重视中非双方在基础设施领域的合作，历届论坛出台的文件也多次强调基础设施对于非洲经济发展的重要性。第二届中非合作论坛通过的《中非合作论坛——亚的斯亚贝巴行动计划（2004—2006年）》认为基础设施落后依然是制约非洲社会经济发展的不利因素。2015年约翰内斯堡峰会再次强调，基础设施落后是制约非洲实现自主可持续发展的主要瓶颈之一。

在这一思路的指导下，历届中非合作论坛都出台了具体措施推动中非双方在基础设施领域的合作。2006年北京峰会后，中方在2007—2009年共向非洲提供了30多亿美元优惠贷款和20亿美元优惠出口买方信贷，支持了非洲国家在交通、房建、电站、港口、

---

① 朴英姬：《深化中国对非投资合作的新动力与新思路》，《西亚非洲》2019年第5期，第8页。

电信等各领域建设。第四届中非合作论坛上，中方决定将在未来的三年里向非洲国家提供 100 亿美元优惠贷款和优惠出口买方信贷，贷款与项目相结合，主要用于公路、铁路、港口、机场、电力、通信等基础设施项目和低造价住房等公益福利型项目。第五届中非合作论坛上，中国政府继续鼓励有实力的中国企业和金融机构参与非洲跨国跨区域基础设施建设，继续提供优惠性质贷款支持非洲基础设施建设。2015 年约翰内斯堡峰会提供了 350 亿美元的优惠性质贷款及出口信贷额度，并提高优惠贷款优惠度，进一步提出了"中非基础设施合作计划"，决心采取切实举措，优先鼓励中国企业和金融机构采取扩大投资规模，支持非洲国家和非洲的旗舰项目，支持铁路、公路、区域航空、港口、电力、供水和信息通信等基础设施项目建设。2018 年北京峰会提出了"八大行动"，其中第二大行动"设施联通计划"就是基础设施领域的合作，中方将向非方提供总计 200 亿美元的优惠出口买方信贷和其他信贷额度，重点支持非洲大型基础设施项目建设，帮助非洲国家改善基础设施条件。

在历届中非合作论坛的推动与支持下，越来越多的中方企业参与到非洲国家的基础设施建设中，涉及房屋建筑、石化、电力、交通运输、通信、水利、冶金、铁路等领域。这不仅为非洲提供了良好的基础设施，还降低了造价，增加了就业，带动了当地社会经济的发展，受到了非洲政府和人民的广泛赞誉。2019年2月，肯尼亚美国国际大学公共政策学者斯蒂芬·恩代格瓦说，中国帮助非洲进行的众多基础设施建设已经使非洲面貌焕然一新。[①] 2019年6月25日，塞内加尔外交大臣阿马杜·巴在北京峰会成果落实协调人会议上说，在过去十年中，中国企业在非洲大陆建设了10000公里公路、6000公里铁路、30个港口、20个机场和80座发电站，这都是中非合作的巨大成果和体现。[②]

在中非合作论坛的推动下，非洲成为中国在海外的第二大工程承包地，中国也成为非洲基础设施最大的建设者。2012年，中国企业在非洲完成承包工程营业额408.3亿美元，比2009年增长了45%，占中国对外承包工程完成营业总额的35.02%。非洲已连续四年成为中国第二大海外工程承包市场。来自中国的资金、设备和技术有效降低了非洲国家建设成本，使非洲基础设施落后的面貌逐步得以改善。[③] 德勤公司公布的

[①] 新华社：《非洲各界人士热议习近平主席向非盟首脑会议致贺电》，2019年2月11日，http://www.gov.cn/xinwen/2019-02/11/content_5364872.htm。

[②] ［阿尔及利亚］阿尼斯·本赫多格：《中非合作 共赢未来》，周佳译，《中国投资》2020年第5期。

[③] 中华人民共和国国务院新闻办公室：《中国与非洲的经贸合作白皮书》（2013），http://www.scio.gov.cn/zfbps/ndhf/2013/Document/1344913/1344913.htm。

《2019年非洲基础建设市场动态》显示，2019年非洲有20.4%的项目由中国出资，这一比例仅次于非洲政府（22.8%）；中国承建了31%的项目，是非洲基础建设市场最大的承建者。[①]

最后，中国对非援助成果显著。

中国对非洲的援助真诚无私，不附加政治条件，不干涉非洲国家的内部事务。在首届论坛上，中国宣布减免非洲重债穷国和最不发达国家100亿元债务。在第二届部长级会议上，中国提出为非洲培训各类专业人员1万人。第三届论坛暨北京峰会提出了中非务实合作的八项举措，扩大对非洲援助规模，到2009年使中国对非洲国家的援助规模比2006年增加1倍。此外，还承诺今后3年内向非洲国家提供30亿美元的优惠贷款和20亿美元的优惠出口买方信贷，在非洲建设10个农业技术示范中心，援助30所医院，设立30个抗疟疾中心，援建100所农村学校，培训15000名各类人才等。在第四届部长级会议上，中国提出了新的8项举措，对非洲的优惠贷款增加到100亿美元，对来自与中国建交的最不发达的非洲国家95%的产品逐步实现零关税以及加大援助非洲力度。在第五届部长级

---

① Deloitte, Africa Construction Trends Report 2019, https://www2.deloitte.com/za/en/pages/energy-and-resources/articles/africa-construction-trends.html.

会议上，中国提出了将实施"非洲人才计划"，在今后三年为非洲培训各类人才3万名，提供政府奖学金名额18000个；中方将继续做好向非洲派遣援外医疗队工作，今后3年向非洲派遣1500名医疗队员等措施。在第六届论坛暨约翰内斯堡峰会上，中国提出将提供50亿美元的无偿援助和无息贷款。此外，还承诺为非洲培训20万名职业技术人才，提供4万个来华培训名额，为非洲1万个村落实施收看卫星电视项目，为非洲提供2000个学历学位教育名额和3万个政府奖学金名额等措施。在2018年北京峰会上，中国提出将提供150亿美元无偿援助、无息贷款和优惠贷款，重点支持非洲国家减贫、卫生、农业、环保等民生领域发展项目。此外，还承诺实施50个农业援助项目，向非洲受灾国家提供10亿元人民币紧急人道主义粮食援助，向非洲派遣500名高级农业专家，为非洲培训1000名精英人才，为非洲提供5万个中国政府奖学金名额，为非洲提供5万个研修培训名额等措施。

中国提供的这些援助，都是从非洲国家和人民的需要出发，通过友好协商确定项目并实施的，非洲国家和人民从中能够得到实实在在的好处，有力地促进了当地经济社会的发展。

这二十年来，在历届中非合作论坛的推动下，中国逐渐扩大对非贸易、对非投资、对非工程承包以及对非援助，中国已经成为推动非洲经济发展的新因素。津巴布韦外交部副部长穆茨万格瓦表示，过去数百年，西方国家大肆掠夺非洲的自然资源和劳动力资源；而今，非洲国家在与中国的经济合作中获得实在收益，拥有丰富资源的津巴布韦在来自中国的资金支持下，正在努力复兴经济、改善社会民生。[1] 通过中非合作论坛这一务实合作平台，中国帮助非洲解决基础设施滞后、资金短缺等严重制约经济发展的问题，助力"非洲复兴"。

三　引领国际对非合作，提升非洲国际地位

在此次世界格局变动中，非洲国际地位明显上升，一改冷战结束初期被边缘化的不利境地，随着新兴大国走进非洲以及传统大国重返非洲而掀起一股"非洲热"。此轮"非洲热"一个很重要的原因是中非成功合作的示范效应，因为2000年中非合作论坛召开，尤其是2006年北京峰会之后，中非关系有了一个全面而快速的发展，推动大国重新关注非洲，新兴大国亦加入了对非洲的角逐。在中非合作论坛的示范和推动下，

---

[1] 中非合作论坛网站：《"中非关系50年背景进展和意义——从非洲视角看中非关系和中国发展经验"研讨会在津巴布韦举行》，2013年11月5日，http://www.focac.org/chn/lhyj/zxxx/t1096084.htm。

非洲的地位得以提升。①

中非合作论坛并非最早的国际对非合作机制，在这之前已经有了"东京非洲发展国际会议"（1993年成立）和欧非峰会（2000年4月成立）等，但是，中非合作论坛是世界公认最成功的对非合作机制。首先，中非合作制度化、经常化。自2000年中非合作论坛成立以来，论坛每三年召开一次，在中国和非洲国家轮流举行。每次论坛都推出切实可行的合作举措。使得中非合作制度化和经常化。会议期间，中非领导人开展面对面的集体对话，共同促进中非在各个领域的广泛合作，大力推动中非关系的发展。其次，中非合作论坛有非常完整的后续行动机制。因为，中非合作论坛是政府主导的中非合作平台，体现中国集中力量办大事的优越性，能够最大限度地调动各方面的积极性，直接参与论坛的就有36家后续行动成员，涵盖了主要的政府部门。最后，行动计划落实得力。同西方国家落实与非洲制订合作计划时表现出来的"雷声大、雨点小"相比，中国在落实此类行动计划时能够做到"言必信，行必果"。

论坛的创立及成功有效的运作，不仅使中非关系在传统友好合作的基础上得以朝着制度化、机制化方

---

① 张春：《中非关系国际贡献论》，上海人民出版社2013年版，第124—125页。

向可持续发展,也提升了中国在非洲乃至国际上的影响力。中非关系的迅速发展已引起国际社会高度重视,一些西方大国不得不改变无端质疑中国在非洲发展的做法,承认中国在非洲的活动不仅对非洲有利,对包括西方国家在内的世界其他国家也是有利的,并且试图与中国在非洲事务上进行合作。

论坛为非洲国际地位的提升做出了重要贡献,主要体现在三个方面。

第一,中非合作论坛已经成为国际对非合作的成功范例,引起其他国家的极大关注,尤其是西方传统大国对非洲的重视度大大增强,它们纷纷调整政策,强化对非合作。2007年12月第二届欧非峰会就是在中非北京峰会影响下召开的。美国在2014年8月召开了首届美非峰会,俄罗斯则在2019年召开了首届俄非峰会。此外,新兴国家也相继召开对非峰会,例如印非峰会、韩非峰会,土(耳其)非峰会。大国政要纷纷访问非洲,对非援助和经贸合作力度空前。尽管世界其他国家举办的非洲峰会尤其是欧非峰会与中非峰会有着本质的区别,他们很难做到与非洲国家的真正平等,但是世界对非洲的重新关注,在一定程度上有利于非洲国际地位的提升,以及经济发展环境的改善。此外,中国与非洲的有效合作,帮助非洲在全球南北对话中取得了更好的谈判空间,进而整体上提升了非洲国际地位。有南非学者认为，中国扮演了一个"游戏改变者"（Game Changer）的角色，也就是说中国和中非合作提升了非洲的整体国际地位，使得世界各大国重新审视非洲，为非洲在国际博弈中大大增加了自身的权重。①

第二，增加了非洲对发展模式的选择。非洲国家独立后，在如何发展的问题上进行了许多探索，有的走资本主义的道路，有的走社会主义的道路，还有的选择混合经济的模式，既经历了独立初期的快速发展，又有20世纪80年代的十年停滞。原先被认为是发展样板的科特迪瓦和津巴布韦到了20世纪末都出现了危机，甚至发生了内战。

新兴大国的崛起为非洲提供了可供参考的新的发展模式，非洲一些国家如南非、肯尼亚和津巴布韦等实行"向东看"政策，② 拉近与印度、中国等距离。中国走过的发展道路对于其他国家来说是不太容易复制的，但是，保持政治的稳定、对外开发和大力引进外资、注重民生等具有一定的共同性。当然，中国无意推销自己的发展模式，而是尊重别国的选择。

第三，论坛增强了非洲集体身份的认同。在参与中非一系列峰会的过程中，非洲国家日益认识到，其

---

① 刘海方：《全球视野下的"对非峰会外交"》，《世界知识》2018年第17期，第16页。

② Jeremy Youde, "Why Look East: Zimbabwean Foreign Polict and China", *Africa Today*, Vol. 53, No. 3, pp. 3–19, 2006/07.

他国家都拥有完整和全面的对非政策，而非洲各国尚缺乏统一的政策予以回应，因此有必要强化非洲的共同立场和政策。这种认识在一定程度上有助于加强非洲团结，增强非洲国家联合自强，共谋发展的集体意识，进而有助于推进非洲一体化进程的发展。

中非合作论坛的成立推动了中非关系的快速发展。特别是 2006 年北京峰会召开后，大国纷纷重启或建立对非合作机制，大大增强了对非洲的重视程度。在此背景下，各国对非合作机制或多或少地受到了"中国因素"的影响，并对"中国因素"做出了回应。以美国—非洲领导人峰会、东京非洲发展国际会议、印度—非洲峰会为例，这些对非合作机制都受到了"中国因素"的影响。

1. 美国—非洲领导人峰会

中国是美国举办美非峰会的参照对象。英国媒体就将美非峰会比喻为一个"模仿秀"，因为非洲与中国、印度、日本以及欧洲国家举办过类似会议，美非峰会似乎姗姗来迟。

2009 年，中非贸易额首次超过了美非贸易额，中国成为非洲最大的贸易伙伴。2013 年，中非贸易额为 2102 亿美元，是同期美非贸易额的 2 倍多。因此，在首届美非峰会召开之前，美国国内一直有声音指责美国在忽视非洲的同时也把非洲的巨大利益让给了中国等其他国家。受中国对非政策触动，美国决定改变以往的对非策略，开始由政府主导扩大对非贸易和投资，对非战略进取态势明显。因此，制衡与追赶中国在非洲的经贸优势成为举办此次美非峰会的重要动因。

2014年8月4—6日，以"投资下一代"为主题的首届美非峰会在华盛顿召开。从非洲领导人出席的阵容来看，此次美非峰会已经超过以往任何大国举办的对非峰会，如欧非峰会、2006年中非合作论坛北京峰会，共有50位非洲国家领导人或政府代表以及非盟委员会主席出席了此次美非峰会，其中包括35位总统、1位国王、3位副总统、9位总理和2位外交部长。在这次峰会上，美国宣布了总额为330亿美元投融资计划，即美国企业对非投资140亿美元，美国政府提供70亿美元贷款支持美国企业对非出口和投资，美国私营部门、世界银行和瑞典政府等共同出资120亿美元支持电力非洲计划。[①] 为了推动美非贸易和投资，奥巴马还宣布了六项重大措施：第一，力争延长和扩展《非洲增长与机遇法案》；第二，提高美国公司在非洲的竞争力；第三，游说美国公司大幅度增加对非投资；

---

① 余文胜、王磊：《首届美国—非洲领导人峰会述评》，《国际研究参考》2014年第9期，第40页。

第四，加强对非洲国家基础设施建设的支持力度；第五，助力非洲地区市场一体化建设；第六，培养下一代非洲企业家与商界领袖的亲美情结。[①]

与中非合作论坛不同的是，此次美非峰会并没有将美非峰会机制化，并没有确定是否有下一届美非峰会或者下一届美非峰会在何时何地举办。特朗普上台后，美国政府显然越来越不重视非洲，这也让下一届美非峰会变得更加遥遥无期。

2. 东京非洲发展国际会议

日本对非洲的关注开始于1973年石油危机，尤其是冷战结束之后。一方面由于西方出现的"援助疲劳症"，另一方面出于日本成为政治大国的梦想，冷战后的日本外交政策变得更为积极，体现在对非政策上主要表现为两个方面：向联合国维和部队派兵，启动"东京非洲发展国际会议"更积极提供对非发展援助。

1993年，为追求正常国家地位、谋求联合国常任理事国席位而瞄准非洲"大票仓"的日本，牵头召开了东京非洲发展国际会议。尽管当时只有几位非洲国家元首参加该会议，但其在某种程度上开了对非峰会外交的先河。东京非洲发展国际会议自1993年以来每

---

① 刘中伟：《从反恐至上到安全与经济比翼齐飞——美非峰会与奥巴马对非政策的新动向》，《当代世界》2014年第10期，第66—67页。

五年举行一次，2016年改为每三年举行一次，迄今为止已经召开了七届会议。

东京非洲发展国际会议长期关注商业伙伴关系和传统发展援助议题，在2016年之前一直只在日本举办。而其他国家对非峰会一般都在非洲和合作国轮流举办，例如中非合作论坛、印非峰会。在受到非洲国家质疑后，日本决定自2016年开始轮流在非洲国家和日本举行日非峰会。2016年肯尼亚日非峰会是东京非洲国际发展会议第一次在非洲大陆举办。

2015年，日非贸易额为200.6亿美元，中非贸易额则为1790.3亿美元，日非贸易额仅为同期中非贸易额的1/9；日本对非投资存量102.6亿美元，而中国在非投资存量则已经超过1000亿美元。在中非关系快速发展的背景下，日本在肯尼亚峰会前宣布将东京非洲发展国际会议召开间隔时间由之前的五年改为三年，表明日本政府迫切希望加快对非合作进程，凸显赶超意识。[1]

此外，日本还积极利用东京非洲发展国际会议这一平台，谋求其政治诉求。2016年肯尼亚峰会期间，日本积极推动安理会改革和涉及中国南海问题的所谓"海洋航行自由"议题进入与非洲合作并不相关的讨

---

[1] 杨宝荣：《从肯尼亚日非峰会看日本对非关系的调整》，《当代世界》2016年第11期，第58页。

论，并试图引导参会非洲国家认同日本在安理会改革和"南海仲裁"问题上的立场。肯尼亚峰会后，日本单方面宣称日非就安理会改革、"南海仲裁"达成共识。但是随后却遭到了肯尼亚政府的公开否定，肯尼亚政府认为日方单方面的申明与峰会通过的《肯尼亚宣言》不符，并重申了支持安理会改革问题上的非盟共同立场及支持中国在南海问题上的立场。

东京非洲发展国际会议对中国来说，不仅有挑战，还有机遇。以2019年8月在日本横滨召开的第七届东京非洲发展国际会议为例，很多非洲国家领导人在此次会议上阐述了其在优化营商环境、加大招商引资力度方面的重大举措，这些举措不仅与非洲国家发展战略息息相关，同时也并非专门针对日本制定，而是面向全球投资者的。[①]

3. 印度—非洲峰会

印度是经济增长最快的新兴经济体之一，重视对非洲合作。政治上，非洲是世界上发展中国家最集中的大陆，出于争当联合国安理会常任理事国和印度洋地区大国的目标，印度需要拉拢非洲国家这一大"票仓"。经济上，印度与中国一样正处于快速发展阶段，

---

① 智宇琛：《日非峰会对中国投资的启示》，《中国投资》2019年第20期，第23页。

对能源及其他自然资源的需求同样巨大，并且需要非洲这一可能迅速发展的潜在消费市场。

进入21世纪之后，印度明显重视非洲的作用，加强对非合作。2003年印度将外交部负责非洲事务的部门由非洲司增加为三个：西非和中非司、东非和南非司、西亚北非司。印度启动了聚焦非洲计划（Focus Africa Programme）（2002—2007）、印非技术经济协作运动（Techno Economic Approach for Africa India Movement，TEAM－9）、泛非E网络（Pan-African E-Network）等。在2006年中非合作论坛北京峰会召开后，印度意识到整合这些对非机制和计划的重要性。2008年4月，首届印度—非洲峰会在新德里召开，标志着统一的印度对非合作机制的形成。这届峰会共有8位非洲首脑及14个非洲国家的代表团参加。尽管其规模无法与中非峰会相提并论，但此次峰会在一定程度上算是印度对中非峰会的一种回应。目前，印度一共举办了三届印非峰会，虽然规模上无法与中非合作论坛相提并论，但无论是机制建设还是政策举措，均可看到中国的影子，某种程度可以被视为印度对中非关系快速发展采取的"对冲"举措。[①] 中印对非合作机制在形式和理念上有诸多相似之处。在规模上，中印对

---

① 郝睿、毛克疾、蒲大可：《第三届印非峰会对中非关系的影响与启示》，《国际经济评论》2016年第3期，第118页。

非合作机制都是单个国家与非洲国家集体对话的平台，都号召非洲54个国家参与。在举办时间上，都是每三年举办一次，但2015年第三届印非峰会把举办时间由三年举办一次改为五年举办一次。在合作理念上，中非合作论坛强调"中非携手并进：合作共赢、共同发展"，印非峰会提出"增进伙伴关系：共享愿景"，合作理念相似。[①] 在合作领域上，2015年中非合作论坛北京峰会提出了"十大行动计划"，包括工业化、农业现代化、基础设施合作、金融合作、绿色发展、贸易和投资便利化、减贫惠民合作、公共卫生、人文合作、和平与安全合作。这十个领域与印非峰会所关注的领域有不少重合之处。

虽然中印对非合作有诸多相似之处，但是印非合作与中非合作在投入力度上存在着明显的差距，这与中印两国综合国力的差距有关。第三届印非峰会和中非合作论坛约翰内斯堡峰会都在2015年召开。第三届印非峰会上，印度将对非洲优惠信贷额度提高至100亿美元，无偿援助金额提升至6亿美元。约翰内斯堡峰会上，中方决定向非方提供600亿美元的资金支持，其中包括50亿美元无息贷款，350亿美元的出口信贷等贷款支持。印度虽然加大了对非洲投入的力度，但

[①] 冯立冰、郭东彦：《印非峰会与印非合作机制的构建及影响》，《国际论坛》2018年第5期，第18页。

是与中国的投入力度相比，还是有一定的差距。虽然在投入力度上有差距，但是印非峰会仍然有自己的优势。印非峰会强调软实力建设以及私营部门的主力作用，以较少的资金投入赢得了当地社会的认可与好评，达成了印度对非洲合作的主要政策目标。

此外，为了弥补资金不足和技术落后等问题，印度还在2017年联合日本出台了"亚非增长走廊"计划，是对非洲合作的战略升级，并释放了联合日本制衡中国的信号。"亚非增长走廊"是日本和印度携手推进的印度洋—太平洋地区合作倡议，旨在构筑从东北亚、东南亚、南亚至非洲的产业走廊和产业网络。[①] 这一计划与"一带一路"倡议在地域和领域上有较大的重合。

---

① 楼春豪：《"亚非增长走廊"倡议：内涵、动因与前景》，《国际问题研究》2018年第1期，第73页。

第四章 中非合作论坛的成功经验

中非合作论坛自创设至今已经20年，它为中国与非洲国家之间进行集体对话与合作提供了一个新平台，成为中非关系全面、快速发展的重要推动力和抓手。中非合作论坛发展至今获得了很多成功经验，主要体现在六个方面：领导重视，优化论坛顶层设计；平等协商，契合非洲发展需求；合作共赢，惠及中非双方利益；与时俱进，调整充实合作内容；机制保障，各项举措落实得力；南南合作，中非双方共谋发展。

一 领导重视，优化论坛顶层设计

中非合作论坛的成功离不开中非双方领导人的重视，中非合作论坛顶层设计的不断优化也为论坛的持续发展提供了保障。

一方面，中非双方领导人重视中非合作论坛。

1999年10月，时任中国国家主席江泽民亲自致函非统秘书长和有关国家首脑，正式发出举办中非合作论坛的倡议，得到非洲国家的热烈响应。中非合作论坛也成了中非领导人进行首脑外交的重要舞台。以2018年北京峰会为例，习近平主席在会议期间与非洲国家所有与会领导人分别会谈、会见，活动最密集时曾在10小时内先后与11位非洲国家总统举行会晤。[①]

同样，非洲领导人也高度重视中非合作论坛，积极参加历届中非合作论坛峰会。2006年北京峰会，48个非洲国家代表齐聚北京，其中包括35位国家元首、6位政府首脑、1位副总统、6位高级别代表以及非盟委员会主席。南非总统姆贝基感叹说，有些非洲领导人多年都不参加非洲联盟的首脑会议，这次却到北京来了，比我们非洲联盟开会来得都齐。[②] 2015年约翰内斯堡峰会，包括42位国家元首和政府首脑、非盟委员会主席祖马在内的中非合作论坛52位成员代表出席。在约翰内斯堡峰会取得圆满成功后，根据论坛非方成员的强烈愿望，着眼于中非关系发展的现实需要，中方决定2018年在中国举办论坛峰会。2018年北京峰会，共有54位中非合作论坛非洲成员代表与会，包括

[①] 国纪平：《亲手擘画蓝图亲力践行合作——习近平主席引领中非关系奋进新时代》，《人民日报》2018年9月8日第1版。

[②] 张忠祥：《中非合作论坛研究》，世界知识出版社2012年版，第114页。

40位总统、10位总理、1位副总统以及非盟委员会主席等。非洲领导人在中非合作论坛峰会上的高到会率说明了非洲领导人对中非合作论坛的高度重视。

另一方面,中非合作论坛不断优化顶层设计。中非合作论坛第一届部长级会议上通过的《中非经济和社会发展合作纲领》规定,中非双方同意建立后续机制,定期评估后续行动的落实情况。2001年7月,中非合作论坛部长级磋商会在赞比亚首都卢萨卡举行,讨论并通过了《中非合作论坛后续机制程序》。2000年11月,中非合作论坛中方后续行动委员会成立,目前共有外交部、商务部、财政部等36家成员单位,外交部长和商务部部长为委员会名誉主席,两部主管部领导为主席。2002年4月,后续机制程序正式生效。中非合作论坛后续机制建立在三个级别上:部长级会议每三年举行一届;高官级后续会议及为部长级会议做准备的高官预备会分别在部长级会议前一年及前数日各举行一次;非洲驻华使节与中方后续行动委员会秘书处每年至少举行两次会议。部长级会议及高官会议轮流在中国和非洲国家举行。中国和承办会议的非洲国家担任共同主席国,共同主持会议并牵头落实会议成果。

除上述三个级别的机制性会议外,根据中非关系发展需要,中非双方于2006年11月在北京举行的中非合作论坛第三届部长级会议、2015年12月在约翰内斯堡举行的中非合作论坛第六届部长级会议和2018年9月在北京举行的中非合作论坛第七届部长级会议升格为峰会。2006年北京峰会决定中非外长在每届部长级会议次年的联合国大会期间举行集体政治磋商。中非外长分别于2007年、2010年、2013年和2017年在纽约举行四次政治磋商。2016年7月，中非双方在北京举行了中非合作论坛约翰内斯堡峰会成果落实协调人会议。2019年6月，中非双方在北京举行了中非合作论坛北京峰会成果落实协调人会议。

在新冠肺炎疫情在全球蔓延之际，为了加强团结合作、携手战胜疫情，中国与非盟轮值主席国南非、中非合作论坛非方共同主席国塞内加尔共同发起，于2020年6月17日通过视频连线召开中非团结抗疫特别峰会。这次特别峰会既是对中非合作抗疫的顶层设计，也是对落实2018年北京峰会成果与规划下一届论坛的顶层设计。在会上发布的《中非团结抗疫特别峰会联合声明》中指出："祝贺中非合作论坛成立20周年，肯定中非合作论坛北京峰会成果落实行动取得重要进展，支持中非合作'八大行动'更多向公共卫生领域倾斜。""着眼后疫情时代规划中非合作，携手办好2021年新一届论坛会议。"[①]

---

① 《中非团结抗疫特别峰会联合声明》，《人民日报》2020年6月18日第2版。

二 平等协商，契合非洲发展需求

中国一直把非洲看成平等的合作伙伴，在中非合作论坛的框架下，中非双方平等协商，根据非方需求来确定具体的合作项目。一般而言，论坛具体项目的选定，都是由驻当地的中国使馆请非方根据自己的切实需要提出 2—3 个备选建议，然后经过双边多层次磋商、考察等环节，确定备选项，由中方大使上报外交部和商务部。[①] 因此，中非合作论坛的项目才能切合非洲发展需求，助力非洲发展。

经过 20 世纪 80 年代"失去的十年"、90 年代"动荡的十年"、21 世纪初"发展的十年"后，非洲进入经济发展换挡期和政治社会转型期"两期叠加"的新的发展阶段。[②] 非洲经济发展换挡期就是指非洲经济进入转型期。因为要让发展更多地惠及普通民众，摆脱贫困；要切实提高非洲在世界经济体系中的地位，真正实现非洲复兴，就必须实行经济转型。当前非洲经济转型的主要目标是实现包容性增长，以创造更多

[①] 李安山、刘海方：《论中非合作论坛的运作机制及其与非洲一体化的关系》，《教学与研究》2012 年第 6 期，第 59 页。

[②] 戴兵：《非洲发展新形势、中非关系新进展及中非合作新前景》，载张宏明主编《非洲发展报告（2017—2018）》，中国社会科学出版社 2018 年版，第 149 页。

的就业机会。途径是发展基础设施建设，释放私营部门的潜力，帮助劳动者提高技术，创造就业机会，尤其给妇女和青年创造更多的就业机会。[①] 实现包容性增长，就是实现经济多样化，改变单一经济结构。当前非洲经济转型的主要内容为：（1）大力推进非洲工业化，以此带动经济的全面发展；（2）加快农业和服务业的发展，促进经济多元化；（3）加强基础设施建设，推进非洲一体化。

在当前非洲经济转型的背景下，中非合作论坛的合作项目契合非洲经济转型的需求，助力非洲推进工业化、经济多元化和基础设施建设。

第一，中非合作论坛契合非洲工业化的需求。工业化是非洲实现包容性和可持续经济增长的前提，是非洲摆脱贫困的必由之路，非洲国家迫切需要转变生产方式，实行可行的产业政策，开展工业化，以促进非洲经济的结构转型。中非合作论坛在推进非洲工业化方面发挥了积极作用。首先，中非合作论坛推动了中非贸易额和中国对非洲投资的大幅增长。在中非合作论坛的推动下，中非贸易额从2000年的106亿美元增加到2019年的2087亿美元，自2009年起中国成了非洲第一大贸易

[①] African Development Bank Group, At the Center of Africa's Transformation, Strategy for 2013 – 2022, https://www.afdb.org/en/about-us/mission-strategy/afdbs-strategy.

伙伴。中国对非直接投资净额从 2000 年的 2 亿美元增加到 2018 年的 53 亿美元。目前，中国在非洲各类投资总额超过 1100 亿美元。① 中国在非洲投资的同时，也带去了相应的技术。因此，中非贸易额和中国对非投资的大幅增长有利于部分解决非洲工业化所需的资金和技术难题。其次，中非合作论坛推动了中非产能合作。2006 年北京峰会提出中国支持有实力的中国企业在非洲建立境外经济贸易合作区。这一举措有力地推动了中国富余的优质产能向非洲转移，推动了非洲工业化进程。如埃塞俄比亚东方工业园，截至 2019 年 4 月，入园企业已达 90 多家，其中绝大多数企业来自中国，行业横跨水泥生产、木材加工、制鞋、汽车组装、钢材轧制、纺织服装、家纺、日化、制药、食品等。入园企业总投资达 6.4 亿美元，累计总产值 8.5 亿美元，累计上缴税收 7000 万美元，解决埃塞俄比亚当地就业 1.5 万人。② 再次，中非合作论坛为非洲工业化培养了急需的人才。除了资金和技术，实现工业化还需要大量的专业人才。在人力资源培训方面，第一届中非合作论坛提出计划培训 7000 人，至 2018 年北京峰会已增加至 5 万人，历届论坛计划培训总人数达到 17.2 万人。在 2015 年约翰内斯

---

① 戴兵：《工笔绘蓝图 行动践承诺——扎实推进中非合作论坛北京峰会成果落实》，《中国投资》2019 年第 16 期，第 17 页。
② 人民网：《东方工业园，结出务实合作硕果》，2019 年 4 月 19 日，http://world.people.com.cn/n1/2019/0419/c1002-31037955.html。

堡峰会上，中非工业化合作成为"十大合作计划"之首，并有针对性地提出了为非洲培训20万职业技术人员的目标，帮助非洲把巨大的人口红利转化为实实在在的经济优势。

第二，中非合作论坛契合非洲经济多元化的需求。在促进经济多元化方面，非洲通过加快农业和服务业的发展来改变单一的经济结构。非洲多数国家是农业国，农业劳动者超过总劳动力人数的60%，农业产值占非洲GDP的25%左右。在一些非洲国家农业部门吸纳了更多的劳动力，如布基纳法索、布隆迪、埃塞俄比亚、几内亚、几内亚—比绍、马拉维、马里、莫桑比克、尼日尔和卢旺达，这些国家80%—90%的劳动力集中在农业部门。[①] 但是，非洲大陆粮食不能自给，很多非洲国家是粮食净进口国。因此，农业合作历来是中非合作论坛的重点合作领域之一。在中非合作论坛的框架下，中国通过派遣农业技术组、培训非洲本土农业技术人员、建设援非农业示范中心、鼓励中国企业在非洲开展农业合作项目、开展农业科研合作等方式助力非洲农业发展。中非双方在农业领域的合作既满足了非洲希望通过发展农业来改变单一经济结构的需求，又可以提高非洲农业生产效率，进而保障非

---

① ADBG, OECD, UNDP, African Economic Outlook, https://www.un.org/en/africa/osaa/pdf/pubs/2014afrecooutlook-afdb.pdf.

洲粮食安全问题。

除了农业，服务业也是很多非洲国家重点发展的产业。其中非洲旅游资源丰富，潜力巨大，而且能提供大量的就业岗位，因此，非洲国家纷纷将旅游业作为重点发展的新兴产业。首届中非合作论坛召开后，中非旅游合作开始起步，埃及、南非和摩洛哥三国成为中国公民出国旅游的目的地国家。在2006年北京峰会上，非洲批准向中国开放的旅游目的地国家增至26个。目前，已有30多个非洲国家成为中国公民出国旅游的目的地国家。此外，中非合作论坛还通过加强中非双方旅游交流与合作、举办旅游推介会、支持鼓励中国企业赴非投资旅游基础设施、开通直航航线等方式推动中非旅游合作。因此，近年来，中非双向游客人数快速增加，特别是中国赴非洲游客人数增长显著，非洲已成为中国公民新兴旅游目的地，旅游业已经成为非洲经济新的增长点。

第三，中非合作论坛契合非洲加强基础设施建设的需求。基础设施建设与非洲工业化乃至改善民生都密切相关。非洲开发银行在《处于非洲转型中心：2013—2022年战略报告》中将基础设施建设列为五大优先行动领域之首。这五大优先领域一是基础设施的建设；二是区域经济一体化；三是促进私营部门的发展，创造就业的机会；四是良治与能力建设；五是技能和技术。① 由于基础设施落后，非洲内部贸易比重仅为 12% 左右。仅仅因为基础设施建设的严重滞后，导致非洲国家每年国内生产总值至少损失 2% 的增长率。② 在历届中非合作论坛的推动与支持下，越来越多的中方企业参与到非洲国家的基础设施建设中，不仅为非洲提供了优秀的基础设施，还降低了工程造价，增加了就业，带动了当地社会经济的发展。在中非合作论坛的推动下，中国成了非洲基础设施建设最大的建设者。在过去十年中，非洲 30% 以上的基础设施建设项目，其中 80% 的通信基础设施由中方融资建设或承建。中国已使用投融资帮助非洲建设了 1 万公里公路，6000 多公里铁路，150 多座体育场馆、会议中心、议会大厦，200 多所学校，80 多座发电厂或电站以及诸多机场、港口等，惠及几乎所有非洲国家。③

三 合作共赢，惠及中非双方利益

中非合作是双赢的，符合中非双方利益。对非方

---

① African Development Bank Group, At the Center of Africa's Transformation, Strategy for 2013 – 2022, https://www.afdb.org/en/about-us/mission-strategy/afdbs-strategy.
② 张忠祥：《当前非洲经济转型的特点》，《上海师范大学学报》（哲学社会科学版）2016 年第 2 期，第 121—122 页。
③ 林松添：《中非合作助力非洲实现自主可持续发展》，《中国投资》2019 年第 24 期，第 16—18 页。

来说,这二十年来,在历届中非合作论坛的推动下,中国逐渐扩大对非贸易、对非投资、对非工程承包以及对非援助,中国已经成为推动非洲经济发展的新因素。此外,在中非合作论坛的影响下,传统大国和新兴国家纷纷重启或建立对非合作机制。这让非洲在合作伙伴的选择上有了更多的选项,也推动了非洲国际地位的提升。

对中方而言,中方也从中非合作论坛框架下的中非合作中受益。

首先,中非合作论坛搭建了中国对非合作的多边舞台。多边主义逐步成为中国战略界和外交界的重要价值取向,多边外交实践已经成为中国处理与外部世界关系的重要途径和手段。每届论坛召开的时候,中国与非洲国家集体讨论促进中非合作的大计。除了与中国建交的非洲国家的领导人或部长参加外,还有非盟和非洲次区域组织的代表与会。因此,中非合作论坛搭建的多边合作机制有助于中国协调对非盟、非洲次区域组织、非洲单一国家这三个层面的政策,优化中国对非合作的资源配置。

其次,非洲国家在中国的核心利益问题上大力支持中国。随着非盟的成立和非洲一体化进程的推进,非洲日益重视以集团形式参与国际事务,在国际上的政治影响力也日益扩大。因此,非方对中国核心利益问题的大力支持在政治上具有很重的分量。其中，一个中国原则已经写入中非合作论坛的宣言之中，如《中非合作论坛约翰内斯堡峰会宣言》："我们重申坚持一个中国立场，双方将继续支持彼此维护国家主权、安全与发展利益。"在2016年的"南海仲裁案"上，有30多个非洲国家以不同方式公开发声明确支持中方立场。[①] 2020年，当一些西方国家借新冠病毒对中国进行污名化时，非洲国家坚定地与中国站在一起。所有与中国建交的非洲国家领导人和非盟委员会主席都来电来函或以其他方式向中方表达真挚的慰问和兄弟般的支持。[②]

再次，中国在对非经济合作中实现自身的利益。非洲是中国企业"走出去"的重要舞台，是中国实现"两个市场""两个资源"的重要场所。在中非合作论坛的推动下，目前已有3700多家中国企业在非洲投资经营，非洲已经成了中国第三大海外投资市场和第二大海外工程承包市场，中非在能源领域的密切合作有助于保证中国的能源安全。中非合作论坛框架下的中非产能合作还推动了中国的富余优质产能向非洲转移。

[①] 新华网：《30多个非洲国家明确支持中国在南海问题上的立场》，2016年7月8日，http://www.xinhuanet.com/world/2016-07/08/c_1119189642.htm。

[②] 戴兵：《二十载耕耘结硕果 新时代扬帆启新程——纪念中非合作论坛成立20周年》，《中国投资》（中英文）2020年第2期，第25页。

此外，中非合作论坛还推动了"一带一路"倡议与非洲国家发展战略的对接。仅在2018年北京峰会期间，就有非洲联盟以及28个非洲国家和中国签署了共建"一带一路"政府间谅解备忘录。截至2019年11月，中国已同44个非洲国家和非盟委员会签署"一带一路"合作协议，占与中国签署合作协议国家总数的1/3。在中非合作论坛的推动下，非洲成了参与共建"一带一路"最积极、最坚定的地区之一。

四 与时俱进，调整充实合作内容

中非合作论坛至今已举办过七次会议，其中有三届升级为峰会，分别为2006年北京峰会、2015年约翰内斯堡峰会和2018年北京峰会。随着双方对彼此需求的变化，尤其是非洲对中国需求的变化，中非在论坛框架下的合作领域也在不断拓展与深化，且在不同时期凸显或增加了新的内容。下文将从第二届中非合作论坛开始，每届论坛选取一个方面，简述中非合作论坛如何做到与时俱进，不断调整充实内容。

（一）第二届部长级会议——增加与非洲联盟的合作

首届中非合作论坛召开时，非洲联盟尚未成立，非洲联盟是在非洲统一组织的基础上成立的非洲一体化组织。非统组织的主要使命是实现非洲大陆的政治解放,而非洲联盟的主要任务是推动非洲的经济发展,最终成立非洲合众国。第二届中非合作论坛通过的行动计划就已经明确提出与非洲联盟的协调与合作,"中方对 NEPAD(非洲发展新伙伴计划)的实施和非洲区域合作所取得的进展感到鼓舞,并将支持和帮助非洲国家实现非洲大陆和平与发展的目标。中国将在中非合作论坛框架下采取具体措施,在基础设施建设、传染病(艾滋病、疟疾和肺结核等)防治、人力资源开发和农业等 NEPAD 确定的优先领域,加强与非洲国家和非洲区域、次区域组织的合作。"

(二)北京峰会暨第三届部长级会议——鼓励支持对非投资

非洲国家从他们自身减贫的经验出发,希望外部更多地投资非洲以及发展贸易关系,而不是纯粹的援助,因为,西方国家在半个世纪里对非洲提供了约 2 万亿美元的援助,但是效果不佳,非洲学者将它称为"死亡的援助"(Dead Aid),对中国与非洲的合作充满期待。另外,中国参与经济全球化已经从招商引资开始向利用国内国际两个市场、两种资源以及企业"走出去"转变,而非洲恰恰是当前中国企业走出去的最佳舞台。

在此背景下，中国政府在2006年北京峰会上提出了设立中非发展基金的新举措，基金总额逐步达到50亿美元，旨在鼓励中国企业到非洲投资。走进非洲的中国企业既有国有大中型企业，又有私人企业，还有大量的个体户。设立中非发展基金有利于更好地解决私人企业融资难的问题。

（三）第四届部长级会议——助力非洲应对国际金融危机

2008年，国际金融危机爆发，非洲也难以幸免。由于危机造成农矿产品价格的下跌以及外援、侨汇的减少，非洲经济十几年来首次出现较大幅度的下滑，撒哈拉以南非洲经济的增长率由2007年6.1%下降到2008的5.8%，2009年仅为1.6%。[①]

2009年，第四届部长级会议是在国际金融危机影响持续蔓延的背景下召开的，时任中国总理温家宝在会议开幕式上宣布了推进中非合作的八项新举措。其中之一是提供各类信贷资金，帮助非洲国家发展经济，共同应对国际金融危机。"增加非洲融资能力，向非洲国家提供100亿美元优惠性质贷款；

---

① 张忠祥：《中非合作论坛研究》，世界知识出版社2012年版，第129页。

支持中国金融机构设立非洲中小企业发展专项贷款，金额10亿美元。"2006年北京峰会上，中国政府提出："今后3年内向非洲国家提供30亿美元的优惠贷款和20亿美元的优惠出口买方信贷。"第四届部长级会议将对非优惠贷款扩大一倍，从50亿美元增长到100亿美元。目的是进一步推动中非经贸往来，帮助非洲国家尽快摆脱国际金融危机的不利影响，缓解非洲发展过程中资金不足的困难。这些优惠贷款主要用于公路、铁路、港口、机场、电力、通信等基础设施建设项目和低造价住房等公益福利型项目。另外，非洲中小企业在发展本国经济、促进当地就业、维护社会稳定方面有着重要作用，得到非洲各国的高度重视。在国际金融危机背景下，帮助非洲中小企业渡过难关并不断发展壮大，将为非洲国家稳定就业，繁荣市场，发展经济发挥积极的作用。为此，中国政府支持中国国家开发银行设立非洲中小企业发展专项贷款，本着市场运作的原则向在非洲设立的中小企业提供融资支持，帮助其发展，促进中非双方中小企业的合作。

（四）第五届部长级会议——新增和平安全领域合作

在2012年第五届部长级会议召开之前，非洲面临的和平与安全挑战增多，例如恐怖主义、海盗问题、武器扩散、地区冲突等。这些和平与安全挑战影响了一些非洲国家经济社会发展所需要的安全的环境，在一定程度上妨碍了非洲国家发展经济的努力。同时，随着中非关系的深入发展，中非之间的人员往来越来越密切，大量中国企业赴非洲进行投资，非洲的和平与稳定牵动着中国在非洲的切身利益。

因此，在第五届部长级会议上，为加强与非洲在和平与安全事务中的合作，中方将发起"中非和平安全合作伙伴倡议"，在力所能及的范围内对非盟的支持和平行动，"非洲和平与安全框架"建设，和平与安全领域人员交流与培训，非洲冲突预防、管理与解决以及冲突后重建与发展提供资金和技术支持。中方发起的"中非和平安全合作倡议"拓宽了中非双方的合作领域，有利于帮助非洲国家提升维护自身和平与安全的能力，同时也可以为中非关系发展提供良好的外部支持。

（五）约翰内斯堡峰会暨第六届部长级会议——加强产能合作

2015年6月，非盟峰会通过了规划非洲未来50年发展蓝图的《2063年议程》。《2063年议程》明确提出到2063年非洲制造业占GDP比重50%以上、吸纳超过50%新增劳动力的目标，强调非洲要进一步提升商品附加值、提高劳动力技能水平、实现经济增长和工业化。同年12月召开的中非合作论坛约翰内斯堡峰会对非盟《2063年议程》中的非洲工业化目标做出了积极回应，将"中非工业化合作计划"置于"十大合作计划"之首。

中方结合非盟《2063年议程》和各国工业化与经济多元化发展规划，进一步鼓励和支持中国企业扩大对非投资，推进中非产业对接和产能合作，从工业发展上下游核心环节入手，营造"软环境"、提供"硬保障"，推动中非工业化合作链条化发展。[①] 中方将重点在合作平台建设、规划布局支持、管理和培养技术人才和基础职业技能培训这四个方面开展中非工业化合作，具体内容包括：中方将积极推进中非产业对接和产能合作，鼓励支持中国企业赴非洲投资兴业，合作新建或升级一批工业园区，向非洲国家派遣政府高级专家顾问。设立一批区域职业教育中心和若干能力建设学院，为非洲培训20万名职业技术人才，提供4万个来华培训名额。此外，中方还设立了首批资金100亿美元的"中非产能合作基金"，支持中非产业对接

[①] 商务部：《中非合作论坛约翰内斯堡峰会暨第六届部长级会议"十大合作计划"经贸领域内容解读》，2015年12月11日，http://www.mofcom.gov.cn/article/ae/ai/201512/20151201208518.shtml?from=singlemessage。

与产能合作。

（六）北京峰会暨第七届部长级会议——对接"一带一路"倡议

2018年9月召开的中非合作论坛北京峰会标志着"一带一路"倡议与中非合作进入精准对接与高质量发展的新阶段。在峰会上，习近平主席强调，要把"一带一路"建设与非盟《2063年议程》、联合国《2030年可持续发展议程》以及非洲各国发展战略相互对接，并提出了"八大行动"（包括产业促动行动、设施联通行动、贸易便利行动、绿色发展、能力建设行动、健康卫生行动、人文交流行动、和平安全行动）。峰会期间，非洲联盟以及28个非洲国家和中国签署了共建"一带一路"政府间谅解备忘录，加上峰会前的9个国家，签约国共达37个，占出席中非合作论坛北京峰会国家数量的70%。[①]"一带一路"倡议的核心内容是"五通"，即"政策沟通、设施联通、贸易畅通、资金融通、民心相通"。在政策沟通层面，中非合作论坛为中非双方提供了重要的政策沟通机制和平台，峰会提出的具体的中非合作计划使高层政策沟通和基层项目落实有机结合；在资金融通方面，2018

---

① 贺文萍：《"一带一路"与中非合作：精准对接与高质量发展》，《当代世界》2019年第6期，第17页。

年北京峰会提供了600亿美元的资金支持，为实现资金融通提供了强有力的支持；在设施联通、贸易畅通、资金融通层面，峰会提出的"八大行动"中的设施联通行动、贸易便利行动和人文交流行动与这几个层面精准对接，并制订了更为丰富具体的行动计划。总之，在2018年北京峰会的推动下，"一带一路"倡议与中非合作已进入了精准对接与高质量发展的新阶段，推动了中非合作不断走向全方位、宽领域和纵深化的新局面，合作内容从过去的聚焦"五通"拓展到绿色发展、能力建设及健康卫生、和平安全等更多惠民新领域。

五 机制保障，各项举措落实得力

自2000年中非合作论坛成立以来，论坛每三年召开一次，在中国和非洲国家轮流举行，每次论坛都推出切实可行的合作举措，并积极落实，这使得中非合作制度化和经常化。对非洲合作机制世界上有不少，从不缺少纸面上的合作规划和承诺，关键是落实这些规划和承诺。但是，严格执行的，恐怕只有中非合作论坛，比如第二届欧非峰会原定于2003年召开，结果拖了4年，直至2007年才召开。在2014年的土耳其—非洲峰会上，时任非盟委员会主席德拉米尼·祖马提醒土耳其总统埃尔多安：土耳其在 2008 年峰会上宣布的承诺还有很多没有落实。①

同西方国家落实与非洲制订的合作计划表现出来的"雷声大，雨点小"相比，中国在落实此类行动计划时能够做到"言必信，行必果"。比如关于减债，在第一届中非合作论坛后，中国政府履行承诺，提前完成对非减债工作。截至 2002 年 6 月，中方同 31 个非洲国家签署了免债议定书，共免除有关国家欠华到期债务 156 笔，总金额 105 亿元人民币。② 即使是遇到战乱等不可抗力，中国政府仍然坚持履行承诺，把减债落实到位。2006 年中非合作论坛北京峰会后，中国政府在随后一年时间内陆续同非洲 32 个重债穷国和最不发达国家签署了免债议定书，共计免除债务 150 笔。但是由于索马里国内战乱，中国在索外交机构尚未恢复，办理对索免债手续遇到一定困难。通过中国驻肯尼亚使馆与索过渡政府的多次协商，双方于 2009 年 10 月 6 日在内罗毕签署了免除索马里政府部分债务的议定书，免除索方对华 6 笔到期无息贷款债务，这标志着中方已全面履行了在 2006 年中非合作论坛北京峰会

---

① 刘海方：《全球视野下的"对非峰会外交"》，《世界知识》2018 年第 17 期，第 15—16 页。
② 人民网：《【盘点】历届中非合作论坛后续行动落实成果》，2015 年 12 月 6 日，http://world.people.com.cn/n/2015/1206/c1002-27894035.html。

上做出的免债承诺。①

历届中非合作论坛各项举措落实得力，主要得益于中非合作论坛完善的后续行动机制。中非合作论坛后续机制建立在三个级别上：部长级会议每三年举行一届；高官级后续会议及为部长级会议做准备的高官预备会分别在部长级会议前一年及前数日各举行一次；非洲驻华使节与中方后续行动委员会秘书处每年至少举行两次会议。部长级会议及其高官会轮流在中国和非洲国家举行。中国和会议承办国分别担任主席国和共同主席国，共同主持会议并牵头落实会议成果。部长级会议由外长和负责对外合作或财经事务的部长参加，高官会由各国主管部门的司局级或相当级别的官员参加。此外，在2015年约翰内斯堡峰会后，开始召开协调人会议，已分别于2016年7月和2019年6月召开了两次协调人会议，中非双方就两届峰会成果落实情况进行对接。

中非合作论坛涉及中国和非洲多个政府部门，如何有效协调，光靠外交部或者商务部显然是不够的，因此有一个后续行动委员会。2000年11月，中非合作论坛中方后续行动委员会成立，目前共有外交部、商

---

① 中国政府网：《中国已全面落实中非合作论坛北京峰会免债承诺》，2009年10月30日，http://www.gov.cn/govweb/jrzg/2009-10/30/content_1452845.htm。

务部、财政部、国家发展和改革委员会等 36 家成员单位。外交部长和商务部部长为委员会名誉主席，两部主管部领导为主席。委员会下设秘书处，由外交部、商务部和财政部有关司局组成，外交部非洲司司长任秘书长，秘书处办公室设在外交部非洲司。

此外，中非合作论坛还建立了中非企业家大会，中非民间论坛，中非青年领导人论坛，中非合作论坛——法律论坛、中非智库论坛、中非和平安全论坛、中非媒体合作论坛等机制性的分论坛，推动中非合作论坛提出的举措在各个合作领域得到有力落实。以中非和平安全论坛为例，该分论坛是应非洲国家对和平安全问题的关切而设立的。在 2018 年中非合作论坛北京峰会开幕式的主旨讲话中，习近平主席郑重宣布："中国决定设立中非和平安全合作基金，支持中非开展和平安全和维和维稳合作，继续向非洲联盟提供无偿军事援助。支持萨赫勒、亚丁湾、几内亚湾等地区国家维护地区安全和反恐努力；设立中非和平安全论坛，为中非在和平安全领域加强交流提供平台。"[①] 2019 年 7 月 15 日，首届中非和平安全论坛在北京开幕。包括 15 位国防部部长、军队总参谋长在内的 50 个非洲国家

---

① 习近平：《在 2018 年中非合作论坛北京峰会开幕式上的主旨讲话》，2018 年 9 月 3 日，http：//www.xinhuanet.com/world/2018－09/03/c_1123373881.htm。

及非盟防务部门的近百名高级代表共聚北京，探讨新时代中非安全合作的新途径。①

正因为中非合作论坛有后续行动机制、中方后续行动委员会、机制性的分论坛这三方面机制的保证，所以，在各国与非洲的众多合作机制中，中非合作论坛成效最大，举措落实最为得力。自2000年创立以来，论坛每三年举行一次部长级会议，交替在中国和非洲国家举办，迄今已办过七届，推动着中非合作向全面、深入和快速的方向发展。

中国经济增长进入新常态之后，国内尽管也面临经济下行的压力，但是中国信守承诺，落实北京峰会成果的力度不减。

2019年6月25日，中非合作论坛北京峰会成果落实协调人会议在北京开幕，习近平主席向会议发来贺信，王岐山副主席集体会见非方代表团团长，中共中央外事工作委员会办公室杨洁篪主任出席欢迎活动并会见部分与会非洲国家外长，王毅国务委员兼外长出席会议开幕式，会见了所有与会非洲国家外长。中非合作论坛各成员单位负责人也同非方代表积极会晤、对接。论坛所有非方成员踊跃参会。乌干达总统穆塞

---

① 中国军网：《携手合作 共筑安全——首届中非和平安全论坛综述》，2019年7月17日，http://mil.gmw.cn/2019-07/17/content_33004911.htm。

韦尼作为特邀嘉宾出席会议开幕式并致辞。论坛54个非方成员近400位代表出席，其中包括25位外长。中非双方共举行多双边活动40余场。对非"八大行动"框架下880多个合作项目和融资支持进展过半，峰会成果落实工作全面铺开，呈现出"早见效、高标准、惠民生"的可喜态势。① 会议期间以及稍后在湖南举行的首届中非经贸博览会期间，中非双方已经和将要签署各类合作协议200余项。非方积极评价会议取得的务实成果，高度赞赏中方重信守诺、言出必行，对实施好"八大行动"、全面落实峰会成果充满信心。②

设立中国—非洲经贸博览会是中非合作论坛北京峰会"八大行动"的具体举措，2019年6月27—29日，第一届中非经贸博览会在湖南长沙召开。来自非洲近30个非洲国家的政府部门和企业代表230余人与中国政府部门和企业代表490余人进行了面对面磋商，现场签约基建、电力、金融等领域的9个重大项目，签约额达到62.85亿美元。③

---

① 王毅:《2019中国外交:乘风破浪、坚定前行》,《国际问题研究》2020年第1期,第3—4页。
② 《中非合作论坛北京峰会成果落实协调人会议举行联合记者会》,2019年6月25日, http://xyf.mofcom.gov.cn/article/lt/201911/20191102912557.shtml。
③ 中国新闻网:《中非经贸合作磋商会长沙举行,现场签约62.85亿美元》,2019年6月28日, http://www.chinanews.com/cj/2019/06-28/8878083.shtml。

六　南南合作，中非双方共谋发展

中国是世界上最大的发展中国家，而非洲是发展中国家最为集中的大陆，因此虽然中国已经是世界第二大经济体，但是中非合作仍然属于南南合作的范畴。自2000年中非合作论坛成立以来，中非合作的全方位快速发展为新时期的南南合作注入了新动力。南非金山大学国际关系教授加斯·谢尔顿认为，中国与非洲全面友好合作为双方的发展带来了巨大机遇，开启了南南合作的新模式，堪称当前国际关系中互利共赢、共同发展的成功典范。[1] 埃及《金字塔报》也刊文称，中非合作论坛框架下的中非合作是发展中国家合作、南南合作中的独特实践，也是新兴国家之间合作的独特实践。"它完全符合非洲国家经济发展的需要，推动基础设施建设，提供真正的发展援助、贷款，鼓励中国企业在非洲国家和地区投资，这些都是对人类命运共同体理念的真正实践，也是对非洲国家需求的真正有效回应。"[2]

---

[1] 经凯、蔡淳：《互利共赢开启南南合作新模式——访南非金山大学国际关系教授加斯·谢尔顿》，《经济日报》2015年12月5日第6版。
[2] 中非合作论坛网站：《中国为非洲提供各种发展机会！那些指指点点的国家在哪儿呢？》，2018年9月7日，https：//focacsummit.mfa.gov.cn/chn/zpfh/t1593127.htm。

随着中非合作不断深入发展，中方提出了一系列对非合作的原则和理念。2006年，胡锦涛同志在中非合作论坛北京峰会上，提出了真诚友好、平等相待、相互支持、共同发展的对非合作原则。2013年，习近平主席提出了"真、实、亲、诚"理念和正确利义观。正确义利观就是中国在同非洲国家交往时应以道义为先，坚持与非洲兄弟平等相待，真诚友好，重诺守信，更要为维护非洲的正当权利和合理诉求仗义执言。利是指互利。中国不会像有的国家只是为实现一己私利，而是愿与非洲兄弟共同发展，共同繁荣。在需要的时候，我们还要重义让利，甚至舍利取义。在2018年中非合作论坛北京峰会开幕式上，习近平主席进一步提出："中国相信中非合作的必由之路就是发挥各自优势，把中国发展同助力非洲发展紧密结合，实现合作共赢、共同发展。中国主张多予少取、先予后取、只予不取，张开怀抱欢迎非洲搭乘中国发展快车。"①

尽管各个时期中非合作原则的表述有所区别，但是核心思想并没有改变，如平等互利、共同发展以及在合作的时候不附加任何政治条件。其中，共同发展

---

① 习近平：《携手共命运 同心促发展——在2018年中非合作论坛北京峰会开幕式上的主旨讲话》，2018年9月4日，https：//www.focac.org/chn/zywx/zyjh/t1591395.htm。

是中国与非洲国家进行合作的核心目标。14亿中国人民正在致力于实现中华民族伟大复兴的中国梦,同时,12亿非洲人民正以非洲联盟《2063年议程》所绘制的发展蓝图为目标,致力于实现联合自强、发展振兴的非洲梦。中非双方目标一致,发展战略高度契合。

在中非合作的实践中,中国也在践行与非洲国家共同发展这一核心目标,"欢迎非洲搭乘中国发展快车"。在中非合作论坛的框架下,中方通过有针对性的合作项目,助力非洲经济发展,提高非洲自主发展能力。一些精心挑选的中非合作项目对非洲经济增长和转型发挥了重要作用。比如,肯尼亚总统乌胡鲁·肯雅塔说,连接肯尼亚东部港口城市蒙巴萨与首都内罗毕的蒙内铁路,对肯尼亚经济增长的贡献将达到1.5%,推动肯尼亚工业化进程、实现经济转型。中国逐年扩大的对非投资也为非洲提升了"造血"能力,助力其实现可持续发展。在尼日尔,中尼油气合作阿加德姆上下游一体化项目的竣工,标志着尼日尔从此步入产油国行列。在坦桑尼亚,中国农业专家通过"千户万亩玉米高产示范工程",向当地农户传授劳动密集型耕种技术,为保障坦桑尼亚粮食安全和减贫做出了贡献。[1]

---

[1] 中非合作论坛网站:《中国为非洲提供各种发展机会!那些指指点点的国家在哪儿呢?》,2018年9月7日,https://focacsummit.mfa.gov.cn/chn/zpfh/t1593127.htm。

此外，2006 年北京峰会设立的中非发展基金也推动了中国企业对非投资，以市场化方式提升了非洲自身发展能力。截至 2019 年 2 月，中非发展基金累计对非洲 36 个国家的 92 个项目决策投资 46 亿美元，涉及装备制造、基础设施建设、能源矿产、金融、农业民生等领域，带动非洲国家约 100 万人口就业，创造税收超过 10 亿美元。92 个决策投资项目全部实施后，预计可撬动中国企业对非投资近 230 亿美元。①

---

① 王东：《中非合作论坛：引领中非经贸合作蓬勃发展的动力源》，《国际商报》2019 年 2 月 11 日第 6 版。

第五章 在新时代如何推动中非论坛可持续发展

中非合作论坛成立二十年来，极大地促进了中非关系的发展，中非关系进入了全面、快速的发展时期。当然，中国和非洲都在发展和变化，国际形势也在演变之中，对中非合作论坛提出了更高的要求，需要在全面总结经验的基础上，根据形势的新变化，提出促进中非合作论坛可持续发展的应对之策。

一 新时代对中非关系的新要求

习近平主席着眼世界相互依存大势，展现中国"大国担当"，以天下为己任，提出人类命运共同体理念。人类命运共同体是新时期中国外交的新理念，它意味着各国需要求同存异和休戚与共，以开放包容、合作共赢的心态谋求共同发展，以不断对话与协调来增加凝聚力，以不断建设和完善机制性合作来发挥建设性作用。

2017年1月18日在联合国日内瓦总部召开的"共商共筑人类命运共同体"高级别会议上,习近平主席指出:构建人类命运共同体,关键在行动。国际社会要从伙伴关系、安全格局、经济发展、文明交流、生态建设等方面作出努力。坚持对话协商,建设一个持久和平的世界;坚持共建共享,建设一个普遍安全的世界;坚持合作共赢,建设一个共同繁荣的世界;坚持交流互鉴,建设一个开放包容的世界;坚持绿色低碳,建设一个清洁美丽的世界。[1]

中非命运共同体是人类命运共同体的基础与榜样。构建人类命运共同体是中国的"世界梦",涵盖政治、经济、安全、人文、全球治理等议题。[2] 因此,构建人类命运共同体是一个宏大目标和长远的规划,需要中国与世界人民长期努力。由于中非之间有着相似的历史遭遇、共同的发展任务、共同的战略利益,所以中非命运共同体是构建人类命运共同体的基础,是最有条件实现互利共赢、共同发展、命运与共的国家和地区实体。

中国有"中国梦",有实现中华民族伟大复兴的愿望,非洲同样有非洲复兴的梦想。非盟已经制定了

---

[1] 习近平:《共同构建人类命运共同体——在联合国日内瓦总部的演讲》(2017年1月18日,日内瓦),《人民日报》2017年1月20日第2版。

[2] 阮宗泽:《人类命运共同体:中国的"世界梦"》,《国际问题研究》2016年第1期。

"2063年愿景",提出在非洲统一组织成立100年之际实现非洲的复兴。为此,非盟制定了七大目标:(1)基于包容性增长和可持续发展的繁荣的非洲;(2)基于泛非主义思想和非洲复兴愿景之上的政治上团结和一体化的非洲;(3)良治、民主、尊重人权、正义和法治的非洲;(4)和平与安全的非洲;(5)具有强烈文化认同、拥有共同的文化遗产、共享价值观和伦理标准的非洲;(6)追求以人为本,特别是让妇女和青年可以尽情发挥他们的潜力的非洲;(7)强大的、团结的和有影响力的全球行为体和伙伴的非洲。[①]中非为了实现各自的梦想,需要相互支持,互相倚重。中国和非洲各国都属于发展中国家,当前都以发展经济、改善民生等为主要目标,并且对发展战略以及地区和国际问题有许多共同认识,所以,"中国梦"和"非洲梦"是相通的。共同的发展任务和共同的战略利益把中国与非洲紧密地联系在一起,这是构建中非命运共同体的现实基础。

新时代对中非关系的新要求,就是在当前及今后比较长的一段时间里,构建更加紧密的中非命运共同体。构建更加紧密的中非命运共同体主要有以下六点内涵。

第一,携手打造责任共担的中非命运共同体。扩

---

① "Agenda 2063, The Africa We Want", http://agenda2063.au.int/en/documents/agenda-2063-africa-we-want-popular-version-2nd-edition.

大中非各层级政治对话和政策沟通,加强在涉及彼此核心利益和重大关切问题上的相互理解和支持,密切在重大国际和地区问题上的协作配合,维护中非和广大发展中国家共同利益。

第二,携手打造合作共赢的中非命运共同体。抓住中非发展战略对接的机遇,用好共建"一带一路"带来的重大机遇,把"一带一路"建设同落实非洲联盟《2063 年议程》、联合国《2030 年可持续发展议程》以及非洲各国发展战略相互对接,开拓新的合作空间,发掘新的合作潜力,在传统优势领域深耕厚植,在新经济领域加快培育亮点。

第三,携手打造幸福共享的中非命运共同体。把增进民生福祉作为发展中非关系的出发点和落脚点。中非合作要给中非人民带来看得见、摸得着的成果和实惠。长期以来,中非一直互帮互助、同舟共济,中国将为非洲减贫发展、就业创收、安居乐业作出新的更大的努力。

第四,携手打造文化共兴的中非命运共同体。中非各自有着灿烂的文明,并为此而自豪,中非愿为世界文明多样化做出更大贡献。促进中非文明交流互鉴、交融共存,为彼此文明复兴、文化进步、文艺繁荣提供持久助力,为中非合作提供更深厚的精神滋养。扩大文化艺术、教育体育、智库媒体、妇女青年等各界人员交往，拉紧中非人民的情感纽带。

第五，携手打造安全共筑的中非命运共同体。历经磨难，方知和平可贵。中国主张共同、综合、合作、可持续的新安全观，坚定支持非洲国家和非洲联盟等地区组织以非洲方式解决非洲问题，支持非洲落实"消弭枪声的非洲"倡议。中国将继续为促进非洲和平稳定发挥建设性作用，支持非洲国家提升自主维稳维和能力。

第六，携手打造和谐共生的中非命运共同体。地球是人类唯一的家园。中国将继续同非洲一道，倡导绿色、低碳、循环、可持续的发展方式，共同保护青山绿水和万物生灵。同非洲加强在应对气候变化、应用清洁能源、防控荒漠化和水土流失、保护野生动植物等生态环保领域交流合作，让中国和非洲都成为人与自然和睦相处的美好家园。[1]

在构建更加紧密的中非命运共同体的过程中，中国继续坚持真诚友好、平等相待。坚持做到"五不"，即不干预非洲国家探索符合国情的发展道路，不干涉非洲内政，不把自己的意志强加于人，不在对非援助中附加任何政治条件，不在对非投资融资中谋取政治私利。

---

[1] 习近平：《携手共命运　同心促发展——在2018年中非合作论坛北京峰会开幕式上的主旨讲话》，《人民日报》2018年9月4日第2版。

二 中非合作论坛可持续发展面临的机遇和挑战

中非合作论坛是中国同非洲国家在平等互利、共同发展的基础上开展集体对话、进行务实合作的重要平台和有效机制。它的成立标志着中非关系开始由政治主导型或经济主导型向政治、经济、社会、文化等全方位务实、理性合作关系的转变。当然，中非合作论坛也有一个可持续发展的问题，需要抓住机遇、应对挑战、谋划未来。

(一) 中非合作论坛可持续发展面临的机遇

1. 百年未有之大变局为中非合作论坛创造了新的发展空间

2018年6月，习近平主席在中央外事工作会议上提出一个重要论断："当前，我国处于近代以来最好的发展时期，世界处于百年未有之大变局，两者同步交织，互相激荡。"[①] "大变局"的本质在于国际秩序的重塑，即基本上由美国为首的西方发达国家所主导

---

① 中国政府网：《习近平在中央外事工作会议上强调，坚持以新时代中国特色社会主义外交思想为指导，努力开创中国特色大国外交新局面》，2018年6月23日，http://politics.cntv.cn/special/gwyvideo/2018/201806/2018062301/index.shtml。

的国际秩序，近年来发生了一系列剧烈变动与调整。"大变局"的动力主要来自两个方面：一方面，主导建立战后国际秩序的美国接连"退群"，大搞单边主义和保护主义，破坏多边贸易体制和全球治理体系，给全球带来剧烈冲击与震荡；另一方面，以中国为代表的新兴经济体群体性崛起，并坚定维护多边主义和自由贸易原则，积极推进全球化良性健康发展，大力推动全球治理体系朝着更加公正合理的方向发展。[①]此外，新一轮科技和产业革命也加快了国际秩序的重塑。进入21世纪以来，多种重大颠覆性技术不断涌现，科技成果转化速度明显加快，产业组织形式和产业链条更具垄断性。这对全球创新版图的重构和全球经济结构的重塑作用将变得更加突出，将给世界带来无限发展的潜力和前所未有的不确定性。

当前国际体系演变最大的特点是新兴大国的崛起，2008年国际金融危机重创了传统大国，新兴大国化危机为机遇，加快了崛起的步伐。2009年9月，匹兹堡峰会决定由二十国集团取代八国集团成为世界经济治理的新平台，同时，国际货币基金组织（IMF）提升了发展中国家在其中的发言权。这意味着，在新兴大国群体性崛起的背景下，国际体系调整的步伐正在加速。

---

① 杜运泉：《"百年未有之大变局"：重识中国与世界的关键》，《探索与争鸣》2019年第1期，第4页。

自首尔峰会开始，非洲发展问题已经成为二十国集团的重要议题，2011年11月法国戛纳峰会继续讨论非洲发展问题。2010年12月，南非加入了金砖国家合作机制。南非在世界GDP的排名中居30位左右，与中国和印度的经济总量不是一个等级，与墨西哥和印度尼西亚相比也有较大差距，南非之所以能够顺利地加入金砖国家合作机制，主要是由于非洲地位的上升，非洲国家在金砖国家得有自己的代表，南非作为非洲经济强国自然成为非洲国家在金砖国家合作机制中的代表。南非的加入也为其他金砖国家进一步加强与非洲国家的合作创造了条件。

虽然新机制的诞生和发展都将面临许多艰难挑战，但中国和非洲各国同为发展中国家，要争取在未来国际体系中的更高地位，必须展开密切合作，而中非合作论坛为此提供了一个重要的平台。此外，由于国际金融危机和世界性经济衰退导致全球化进程受阻，世界范围内极有可能出现新一轮地区主义或地区整合。当前非洲地区存在诸多相互重叠甚至相互竞争的次地区集团，地区发展议程又常为安全问题所困扰，为此，非洲有必要加速身份集体认同，并实现合作伙伴的多样化。这也为论坛未来与非盟、次区域共同体等地区组织合作，从而将中国与非洲众多具体国家的双边关系发展成真正意义或更具战略意义的中非双边关系提供了机遇。①

2. 全球性问题凸显，多边外交作用上升，中非相互依存度增加

在全球化深入发展的时代，以气候变化、能源危机、粮食安全和大规模疾病蔓延为代表的全球性问题日益成为世界各国的严峻挑战，而全球性问题的解决更加需要国际社会的通力合作。在这种情况下，多边外交的作用将进一步上升。中非论坛作为成功的多边外交机制，它的功能还有很大的拓展空间。首先，中非双方已经并将继续从论坛中获得实实在在的好处，未来更可以通过这一机制，共同应对全球性问题。其次，由论坛带动的国际对非多边外交热潮使非洲在对外合作时有了更多选择和回旋余地。最后，就中国而言，随着中国国际地位的上升和日益参与国际体系的改组与重建，中国将加大对多边外交的参与甚至创建。作为中国创建多边外交的典范，中非合作论坛对于中国未来的多边外交创建有着重要的示范意义。中国十分看重论坛对推动中非关系发展的作用，并且已经提出推动论坛的可持续发展，以及将此多边外交与非洲国家的双边外交有机地结合起来，互相补充、互相促进。

非洲对于正在和平崛起的中国具有十分重要的意

---

① 李伟建、张忠祥、张春、祝鸣：《迈向新的十年：中非合作论坛可持续发展研究》，《西亚非洲》2010年第9期。

义。它是中国对外战略基础中的基础，而论坛是中国在新形势下与非洲国家建立新型战略伙伴关系的重要平台。中国的崛起对于非洲同样是难得的机遇。中国在政治上与非洲平等相待，国际舞台上相互支持，是非洲外交多样化的必然选择。中非合作又给非洲发展带来千载难逢的机遇，非洲在与中国的合作中，获得实实在在的好处，如减债、开放市场、优惠贷款、民生项目、人力资源开发、新的合作领域等。所以，非方同样把论坛看作一项重要的合作机制。

3. 推动中非合作论坛可持续发展是中国与非洲双方的共识

中非合作论坛自成立以来对中非关系的推动作用有目共睹，已经成为中非合作的重要平台和机制，但是，根据形势的变化和中非关系的发展，中非合作论坛也有一个可持续发展的问题。这一问题已经成为中非双方的共同认识。中国方面，每次在召开部长级会议出台新的与非洲合作举措的时候，都要与非洲方面协商，不断推出新的合作举措，使论坛保持旺盛的活力。2010年11月，纪念中非合作论坛成立10周年研讨会在南非比勒陀利亚召开，时任国家副主席的习近平到会讲话，提出"加强中非合作论坛建设，使论坛进一步成为高效成熟的合作平台"，他说："我们要根据国际形势和中非关系发展的新情况、新特点，妥善应对21世纪第二个10年出现的新问题、新挑战，不断探索论坛发展的新思路、新途径。"[①] 2020年2月2日，国家主席习近平致函中非合作论坛非方共同主席国塞内加尔总统萨勒，祝贺中非合作论坛成立20周年。习近平强调，中方愿同塞方一道履行好论坛共同主席国职责，以庆祝中非合作论坛成立20周年为契机，同非洲各国携手努力，全面落实中非合作论坛北京峰会成果，推动中非全面战略合作伙伴关系取得更大发展，构建更加紧密的中非命运共同体。[②]

同样，非洲方面在充分肯定中非合作论坛积极作用的同时也希望推动论坛的可持续发展。希望通过中非合作论坛共同应对全球性问题的挑战；希望中国在非洲的和平与安全方面发挥更大的作用，希望中国进一步向非洲转让技术，中资公司更多地雇用当地工人，更多地回馈当地社会；希望加强与非洲区域和次区域组织的合作，加强与非洲发展新伙伴计划的合作；等等。

4. 非洲发展新态势为论坛提供了新的发展机遇

（1）倡导包容性增长

主要得益于新兴经济体与非洲合作的发展，在21世

---

① 习近平：《共创中非新型战略伙伴关系的美好未来——在纪念中非合作论坛成立10周年研讨会开幕式上的演讲》（2010年11月18日，比勒陀利亚），2010年11月19日，http://www.gov.cn/ldhd/2010-11/19/content_1748530.htm。

② 《习近平函贺中非合作论坛20周年》，《解放日报》2020年2月6日第4版。

纪初的 15 年里，非洲大陆经济年增长率平均超过 5%。[①]然而，非洲经济结构性的矛盾日益突出，民生问题也没有很好地解决，新一轮的经济转型正在兴起。当前非洲经济转型的主要目标是实现包容性增长，以创造更多的就业机会。途径是发展基础设施建设，释放私营部门的潜力，帮助劳动者提高技术，创造就业机会，尤其给妇女和青年创造更多的就业机会。[②] 实现包容性增长，就是实现经济多样化，改变单一经济结构。以博茨瓦纳为例，博茨瓦纳政府目前正积极实施"加速经济多样化"战略（EDD），这一战略提出重点发展五大领域：钻石、旅游、牛肉、矿产和金融服务。[③] 这五大领域既包括博茨瓦纳的优势产业钻石开采，又包括它的传统产业养牛业，也涵盖旅游和金融服务业，以实现多元发展。

（2）强调自主发展

非洲在独立半个世纪后的今天，比过去任何时候都强调自主发展，不论是华盛顿共识，还是中国模式，非

[①] WB，AFDB，OECD，The Africa Competitiveness Report 2015，http：//www3.weforum.org/docs/WEF_ACR_2015/Africa_Competitiveness_Report_2015.pdf.

[②] African Development Bank Group，At the Center of Africa's Transformation，Strategy for 2013 – 2022，https：//www.afdb.org/en/about-us/mission-strategy/afdbs-strategy.

[③] ［博茨瓦纳］弗兰克·杨曼著，陈志禄译：《中国与非洲工业化——对博茨瓦纳的启示》，载舒运国、张忠祥主编《非洲经济发展报告（2013—2014）》，上海人民出版社 2014 年版，第 40 页。

洲都不想照搬照抄，而是要结合非洲的特点，进行本土创制。中非合作要做到可持续发展，就必须尊重非洲。舒展大使说："我觉得今后中非合作的机遇，合作的基础不仅仅在于过去十年非洲经济的大发展，而是找到了一条路，这条路是要走本土的历史文化和现在情况而搞的发展道路，我们必须要了解和尊重它。"①

近年来，世界经济形势剧烈动荡和新兴大国的加速崛起，力量对比正朝着有利于发展中国家的方向转变。非洲国家探索适合自己的发展道路，强调内源型发展。强调自主发展的非洲领导人，除了卢旺达总统卡加梅外，著名的还有埃塞俄比亚前总理梅莱斯，以及南非总统祖马等人。在国际金融危机以后的非洲，这种本土创制或内源型发展论正在成为共识。尼日利亚中央银行前副行长穆哈罗认为，非洲需要一个从内到外的内生增长模式，而不是目前占主流地位的从外到内以全球化为中心的模式。非洲首先需要打造为本国市场制造商品的基础，继而通过竞争优势向周边地区扩展，成长为至少能够自给自足的经济力量。②

---

① 2015年9月19日，中国驻卢旺达前大使舒展在上海师范大学非洲研究中心举办的"'一带一路'建设与中国对非洲战略"研讨会上的发言。

② Kingsley Chiedu Moghalu, *Emerging Africa: How the Global Economy's "Last Frontier" Can Prosper and Matter*, Penguin Global, 2013, pp. 1–5.

（3）新一轮结构调整

当前非洲国家的发展模式过度依赖消费和初级产品出口的拉动，而制造业对非洲 GDP 的贡献率十分有限。而依靠初级产品出口这种单一产品经济很容易受国际市场上大宗商品价格波动的影响。非洲国家目前的经济结构严重影响到创造就业机会和经济的可持续发展。为了实现包容性增长和可持续发展，非洲国家纷纷提出结构调整，主要措施有：首先，大力推进非洲工业化，以此带动经济的全面发展。其次，加快农业和服务业的发展，促进经济多元化。非洲旅游业潜力巨大，非洲国家也纷纷将旅游业作为重点发展的新兴产业。2000—2012 年非洲国际游客每年增长 6%。[1] 到 2020 年旅游业将为撒哈拉以南非洲贡献 1720 亿美元的产值，创造 1600 万个工作岗位。[2] 最后，加强基础设施建设，推进非洲一体化。非洲开发银行提出了五大优先行动领域：一是基础设施的建设；二是区域经济一体化；三是促进私营部门的发展，创造就业的机会；四是良治与能力建设；五是技能和技术。[3]

---

[1] ADBG, OECD, UNDP, *African Economic Outlook* 2014, https://www.un.org/en/africa/osaa/pdf/pubs/2014afrecooutlook-afdb.pdf.

[2] The African Centre for Economic Transformation (ACET), 2014 *African Transformation Report*, *Growth with Depth*, http://africantransformation.org/wp-content/uploads/2014/02/2014-african-transformation-report.pdf.

[3] African Development Bank Group, *At the Center of Africa's Transformation*, Strategy for 2013–2022, https://www.afdb.org/en/about-us/mission-strategy/afdbs-strategy.

(4) 推动绿色增长

绿色增长已经成为非洲发展新理念。非洲目前的碳排放量低于全球碳排放量的 5%，却要承受全球气候变化带来的冲击。以联合国前秘书长安南为首的非洲进步小组 2015 年推出《非洲进步报告》关注非洲的可持续增长、创造就业和帮助数以百万计的非洲人脱贫，同时呼吁非洲发展清洁能源。该报告指出："目前非洲还有 6 亿人没有用上电力，非洲每年有 60 万人死于家庭空气污染。"[①] 非洲 "2063 年愿景" 指出："非洲要采取统一的行动，来应对全球气候变化的挑战，我们要利用不同学科的优势和充分的支持（比如优惠的技术开发、转让政策、能力建设、资金和技术资源），以确保实施行动，来保护包括岛屿国家在内的最弱势群体的生存，以及实现可持续发展和共同繁荣。非洲将参与应对气候变化的全球性努力，出台支持非洲大陆可持续发展的政策。非洲将继续用同一个声音说话，并且坚持其在气候变化问题上的立场和利益。"[②]

(5) 大力推进一体化

非洲是非洲国家最集中的大陆，有 54 个国家，要

---

① The Africa Progress Panel, *Africa Progress Report* 2015, https://reliefweb.int/report/world/africa-progress-report-2015-power-people-planet-seizing-africas-energy-and-climate.

② *Agenda* 2063, *The Africa We Want*, https://www.un.org/en/africa/osaa/pdf/au/agenda2063.pdf.

实现非洲的复兴，必须实现一体化。2002年非洲联盟的成立标志着非洲一体化进入了新的阶段，非盟成立10年来，非洲一体化取得了新进展。2015—2017年，非洲区内贸易占非洲对外贸易总额的比重仅为15.2%。[①] 非盟提出，到2045年，随着贸易便利化的发展，以及达到国际水平的基础设施建设，非洲区内贸易的占比"将上升到2045年的50%"。[②] 2019年7月7日，在尼日尔首都尼亚美召开的第12届非盟特别峰会上，正式启动了非洲大陆自由贸易区的实施持续，54个成员签署了非洲大陆自由贸易区协定，至2020年2月，已有29个非洲国家批准了该协定。非盟计划于2020年7月实施非洲大陆自由贸易区协定。[③]

（二）中非合作论坛可持续发展面临的挑战

要推动中非合作论坛的可持续发展，不仅要充分认识到论坛发展的机遇，而且要清醒地认识到论坛发展的挑战，做到居安思危、未雨绸缪。

1. 外部的竞争与干扰

近年来，非洲发展潜力不断释放，这也吸引了大

---

① UNCTAD, *Economic Development in Africa Report* 2019, https://unctad.org/en/pages/PublicationWebflyer.aspx? publicationid=2463.

② *Agenda* 2063, *The Africa We Want*, https://www.un.org/en/africa/osaa/pdf/au/agenda2063.pdf.

③ 朴英姬：《非洲大陆自由贸易区：进展、效应与推进路径》，《西亚非洲》2020年第3期，第97页。

国的注意。随着中国在非洲的影响力日益扩大，特别是2006年中非合作论坛以来，大国纷纷开启或重启对非峰会外交，这导致大国在非洲的竞争加剧。

美国试图抗衡新兴大国，尤其中国在非洲日益扩大的影响力。中非关系在2000年中非合作论坛成立以来，尤其2006年中非合作论坛北京峰会以来有了大发展，不仅中非贸易额逐年翻番，投资猛增，而且中国的发展经验受到非洲国家的关注，甚至有的非洲国家提出了"向东看"的政策，相比之下，"华盛顿模式"在非洲黯然失色。美国感到不仅经济上遇到强劲的竞争对手，而且价值观也受到挑战。美国的著名智库CSIS的一份报告称："美国在非洲越来越面临新兴大国的竞争。"① 事实上，小布什执政后期已经开始重视非洲，2006年公布的美国国家安全战略，将非洲列入美国的"战略优先"，2007年设立非洲司令部。2009年8月，对于希拉里的非洲7国之行，国务院负责非洲事务的秘书约翰尼·卡森这样总结道："多少抵制一下中国，也包括俄罗斯对非洲施加的更大影响力。"②

---

① Jennifer G. Cooke and Richard Downie, African Conflicts and US Diplomacy, A Report of the CSIS Africa Program and the American Academy of Diplomacy, January 2010, p. 2.
② ［德］格尔德·舒曼：《臣仆还是伙伴——非洲，走在第二次独立的道路上?》，德国《青年世界报》2009年12月24日。

在中非合作论坛的影响之下，美国开始由政府主导扩大对非贸易和投资，在 2014 年举办了首届美国—非洲领导人峰会。制衡与追赶中国在非洲的经贸优势成为举办此次美非峰会的重要动因。[①] 但是美非峰会并没有取得机制化的成果，至今没有举办第二届美非峰会。特朗普上台之初并不重视非洲，但在 2018 年中非合作论坛北京峰会顺利召开几个月后，特朗普就推出了他的非洲战略，这一战略直接点名要遏制中国和俄罗斯在非洲的影响力。过去两年来，美国大肆炒作所谓的"中国威胁"，将中国的对非发展合作项目诬为"债务陷阱"，美国国务卿蓬佩奥甚至明言非洲国家应从"中国模式"转轨至"美国模式"。2019 年 6 月，美国还在莫桑比克首都马普托召开"美非商业峰会"，会议主题为"维持一个有弹性和可持续性美非伙伴关系"，宣布启动"繁荣非洲倡议"，试图抗衡中国和俄罗斯在非洲的影响力。

欧洲向来视非洲这个昔日的殖民地大陆为自己的经济"后院"。中非关系从偏向政治外交转向政治经济全方位发展的实质外交新阶段，客观上引起了欧洲人的危机意识，并加速了其与非洲交往的步伐。以英法为代表的欧洲国家更加深刻地感受到中国与非洲合

[①] 余文胜、王磊：《首届美国—非洲领导人峰会述评》，《国际研究参考》2014 年第 9 期，第 40 页。

作的成功，他们一方面调整与非洲的政策，另一方面在舆论上批评中国。2005年12月，欧盟理事会通过题为《欧盟与非洲：走向战略伙伴关系》的对非战略文件，提出要与非洲建立战略伙伴关系，2007年欧盟召开拖延了4年之久的第二届欧非峰会。除了欧盟层面的对非合作机制，近年来欧洲国家也加强了单一国家的对非合作机制。如2019年10月，德国在柏林召开了非洲投资峰会，12位非洲国家领导人参会，会议呼吁促进对非洲的私人投资。德国总理默克尔在主旨演讲中说，今后将加大对德国中小企业的支持，鼓励它们前往非洲投资。[1] 2020年1月，英国非洲投资峰会召开，共有16位非洲国家领导人参会，本次峰会旨在加强英国与非洲国家的经济伙伴关系。此次峰会是英国和非洲政商界人士最大规模的一次互动交流。英国首相约翰逊在峰会上将"脱欧"后的英国形容为"崭新的英国"，并呼吁非洲国家的领导人和企业家将英国视为"非洲的首选投资伙伴"。[2]

日本早在1993年就牵头召开了东京非洲发展国际会议。尽管当时只有几位非洲国家元首参加该会议，

---

[1] 新华网：《非洲投资峰会在德国召开 呼吁加强对非私人投资》，2018年10月31日，http://www.xinhuanet.com/world/2018-10/31/c_129983060.htm。

[2] 人民网：《英非投资峰会聚焦"脱欧"后机遇》，2020年1月23日，http://world.people.com.cn/n1/2020/0123/c1002-31560528.html。

但其在某种程度上开了对非峰会外交的先河。东京非洲发展国际会议自1993年以来每5年举行一次，2016年改为每3年举行一次，迄今为止已经召开了7届日非峰会。2019年8月，第7届日非峰会在横滨召开，40多位非洲国家领导人参会。日本现在非洲主打"双E双I"［企业（Enterprises）、就业（Employment）、投资（Investment）、创新（Innovation）］，承诺未来三年向非洲提供总额约300亿美元的对非投资及贷款计划，还提出准备向非洲国家派金融专家助其解决债务问题。无论是日本极力主张的"高品质基建"，还是对标中非合作论坛把非洲发展国际会议由五年一次改为三年一次，都反映出其在非洲与中国进行竞争的考量。

其他新兴经济体在非洲与中国是一种既合作又竞争的关系。中国通过二十国集团和金砖国家合作组织等多边平台加强与新兴大国的合作，共同捍卫发展中国家的利益，缓解中国崛起过程中的压力；在非洲问题上也有合作，如新兴大国都同意南非加入金砖国家合作组织。在能源开发等方面，中国与其他新兴大国也展开了一定的合作。但不可否认的是，中国与其他新兴大国在非洲也是一种竞争关系，其他新兴大国如印度和巴西在联合国安理会改革和资源、能源方面需要得到非洲的支持，俄罗斯的再次复兴也离不开非洲国家的支持。

近年来，俄罗斯也开始"重返非洲"。俄罗斯官方智库发布的《俄重返非洲：战略与前景》报告明确提出，"俄必须立即着手恢复在非洲的地位，把非洲作为外交优先方向"。① 2019年10月，首届俄罗斯与非洲国家峰会在索契召开，重点关注俄非双方在经贸、安全等领域的合作。峰会期间，俄罗斯总统普京表示，非洲正在成为世界经济增长中心之一，过去5年来，俄罗斯与非洲国家间贸易额增长一倍，希望在未来4—5年，双方贸易额能够再翻一番。非洲不断发展的一体化进程为俄罗斯与非洲合作提供了更多机会。普京表示，俄罗斯将协助非洲国家应对包括恐怖主义在内的各种重大挑战和安全威胁。普京利用此论坛高调宣布了俄罗斯重返非洲的计划。②

新兴大国经济发展处于相同或相似的阶段，与非洲合作的重点也相类似，比如，中国和印度都对非洲的能源和原材料有较大的需求，印度在对非合作上甚至紧盯中国，2008年首届印非峰会在很大程度上模仿中非合作论坛，在对非合作的举措上也有趋同性，如增加投资、扩大贸易、进行人力资源开发等。

---

① 贺文萍：《非洲：政治趋稳向好，大国竞逐加剧》，《世界知识》2019年第24期，第42页。

② 李新：《俄罗斯重返非洲：进程、动因和困境》，《当代世界》2019年第11期，第32—33页。

虽然欧美国家对中非关系的批评与指责不绝于耳，但是，中非关系仍然在继续不断地向前发展，每三年召开一次的中非合作论坛部长级会议将中非关系不断推向一个新的台阶。在这种背景下，欧美国家纷纷提出在非洲问题上与中国进行三方合作。比如他们提出与中国一起对非洲进行援助，在变动的世界格局中如何帮助非洲的发展，等等。西方国家提出在非洲问题上与中国进行三方合作是某种进步，但他们实质是想约束中国在非洲的行为，企图将中非合作纳入他们所希望和设计的轨道之中。对于中非合作论坛，他们也很想参与其中，希望论坛最好像东京非洲发展国际会议那样成为一个与其他多边机构联合主办的援助非洲的平台。但是，非洲国家对于三方合作表现得非常警惕，他们普遍希望中国能够保持自己的援助非洲的特色，甚至害怕中国在非洲问题上与欧美国家搞三方合作，因为这样，非洲国家将会丢失选择合作伙伴的余地。

此外，全球性问题挑战严峻，2020年年初暴发的新冠肺炎疫情不仅给整个世界的经济和民众生活带来巨大的影响，而且对非洲经济和中非合作的冲击和影响明显。截至2020年6月25日，全球新冠肺炎的病例已经超过950万例，其中非洲的病例超过33万例。[①]

---

① Latest updates on the COVID-19 crisis from Africa CDC，https://africacdc.org/covid-19/.

国际货币基金组织6月24日发布最新《世界经济展望》，预计2020年全球GDP将收缩4.9%，撒哈拉以南非洲在2020年经济将收缩3.2%。[①] 受疫情影响，中国与非洲国家之间人员往来、货物运输、货物通关等都受到影响，中非贸易、中国对非投资，以及中国与非洲共建"一带一路"在短期肯定会受影响，一些项目处于停工和半停工状态。但是从长期来看，疫情对中非合作的影响有限，甚至新冠肺炎疫情也是深化中非合作的机遇。一方面，中国与非洲国家之间相互支持、携手抗击新冠肺炎疫情，特别是中国对非洲医疗物资的援助、与非洲医护人员开展广泛的应对新冠肺炎疫情的经验交流，并且向非洲十多个国家派出医疗小组，这些行动深化了中非友谊，有利于构建更加紧密的中非命运共同体。另一方面，新冠肺炎疫情对于加强中非医疗卫生合作、鼓励中医药走出去，以及提升非洲抗击大规模传染病的能力也是机遇。

2. 来自非洲内部的挑战

非洲方面对中非关系的发展普遍予以肯定，非洲方面确实在中非合作中获得实实在在的好处。但是，我们也要正确认识非洲的发展变化以及对中非关系可持续发展的期待。

[①] IMF, *World Economic Outlook*, https：//www.imf.org/en/Publications/WEO/Issues/2020/06/24/WEOUpdateJune2020.

一是非洲国家对自身发展的关注度会进一步增加，同谁合作的选择余地也会进一步扩大。非洲国家在与中国交往中的实用主义倾向会进一步增强，中国并非其唯一的合作伙伴，传统大国和其他新兴经济体都在加大与非洲的合作。非洲的选择也就多起来了，中国面临的问题则是，如何在非洲与别国共存，如何发展非洲，或如何在多边对非关系中分享成果的问题。[①] 在这种情况下，唯有保持中非合作的特色，发挥自己的优势，切实为非洲的发展考虑，才能赢得非洲国家的信任。随着次地区合作和非洲发展新伙伴计划的推进，谋求用一个声音与中国对话的程度会提高。非洲国家认为，中国在2006年已经出台了对非洲政策，而非洲方面还没有一致的对中国政策，单一国家在与中国交往中处于相对不利的境地。所以，非盟和其他次地区合作组织希望参加到中非合作论坛之中，非盟与中国的战略对话已经进行了多次。2012年非盟已经成为中非合作论坛的正式成员。

二是非洲内部对中非关系也有不同声音。一般来说，非洲国家的官员对中非合作评价较高，批评的声音主要来自民间和非政府组织。非洲国家的非政府组织与西方国家的非政府组织往往有着千丝万缕的联系，

[①] 《中国前驻厄立特里亚大使舒展访谈录》，《非洲研究》2010年第1期，第371页。

有的直接是西方非政府组织的分支机构，非洲国家的报纸因经费有限往往采用西方大的通讯社的稿件，如路透社的稿件，非洲国家的学者与西方国家的学术机构交流频繁，因此，他们受西方的影响比较深。有的时候，非洲国家的反对党出于选举的需要，也会拿中非关系说事，如赞比亚反对党"爱国阵线"领导人萨塔在参加2008年大选时公然声称，一旦当选，将驱逐中国投资者。当然，反华在与中国有着传统友谊的赞比亚没有市场，萨塔在2011年当选赞比亚总统之后继续奉行与中国友好的政策，派中国人民的老朋友卡翁达作为总统特使访问中国，以表示对中赞关系的重视。

三是中非经贸合作的风险上升。在改革开放之前，中非经贸合作十分有限，即便有也是一些援助非洲的项目，非洲从上到下都是十分欢迎的。在改革开放之后，中国加强了与非洲的互利合作，尤其是在20世纪90年代中期之后，随着越来越多的中国企业走出去，中国成为非洲第一大贸易伙伴，成为中国在海外的第二大工程承包地和第三大投资目的地，中国与非洲的经贸合作已经非常密切，在这样的情况下，中国企业的风险随之增加。因为，一旦非洲国家政局发生重大变动，就会影响到中资企业的利益。2011年年初利比亚的变局，导致中国在利比亚大撤侨便是一个典型的案例。不仅如此，中非经贸合作还受到其他因素的影响。近年来，经济民族主义在非洲一些国家有所抬头，加之非洲国家国内反对派与媒体的渲染，出现一些对中非合作不和谐的声音。例如，蒙内铁路是中非共建"一带一路"的旗舰项目，2017年5月31日建成通车。这个主要由中国政府融资并由中企承建的项目，2020年6月19日被肯尼亚上诉法院裁定不符合法律规定。在这项判决中，肯尼亚上诉法院的法官们认为肯尼亚铁路公司作为采购实体，违反了肯尼亚宪法和相关法律的规定，即没有通过公开招标来采购商品和服务。[1] 其主要矛盾在于肯方根据融资协议选择了中国路桥作为承包商，而肯方法律规定选择承包商应该进行公开招标。如果该裁定成立，则对蒙内铁路的运营以及今后的偿债是很不利的，将会影响到中肯的基础设施建设合作，乃至中非之间的基础设施建设合作。

四是非洲国家对中非合作论坛的期待。中非合作论坛为非洲同中国的合作提供了重要的平台和机会。非洲国家把中国看成是一个重要的合作伙伴，意识到要对中非合作论坛施加影响。南非学者谢尔顿和帕鲁克在《中非合作论坛：一个战略机会》一书中，对中非合作论坛的发展提出若干建议，如加强中非合作论坛与非洲发展

---

[1] Daily Nation, Appellate court rules SGR construction flouted laws, https://www.nation.co.ke/kenya/news/appellate-court-rules-sgr-construction-flouted-laws--733256.

新伙伴计划的协调,加强中非合作论坛与非洲联盟的合作,促进非洲的和平,加强与非洲次地区组织的合作,拿出环境保护的长期计划等。① 概括起来,中国应该在以下五个方面特别予以关注:(1)技术发展问题。目前非洲国家处于欠发达状态,主要是因为技术落后,需要引进技术促使非洲的自然资源和人力资源变成财富。非洲国家将特别强调技术的获取和提高。(2)基础设施的建设和更新问题。目前非洲国家的基础设施还相当落后,希望通过与中国的合作能够帮助其建设现代化的公路、铁路、网络、通信系统和航运。(3)政治合作方面,希望中国尽力支持非洲长期来谋求联合国安理会的改革,谋求在安理会中常任理事国席位的努力。(4)向非洲国家开放市场问题。希望中国更多地增加从非洲进口,对非洲国家的商品提供优惠政策,如免关税等。(5)非洲的减债要求。根据世行《2019年国际债务统计》,2017年撒哈拉以南非洲外债总量达5350亿美元,较十年前翻了一倍多。债务总量快速增长的同时,大部分债务监控指标也呈持续上升趋势,超过警戒线指标。2017年非洲平均负债率为34.2%,较2010年上升了50%;平均债务率为138%,较2010年已接近翻倍。2017年,非洲有19个国家的债务对国

---

① Garth Shelton and Farhana Paruk, *The Forum on China-Africa Cooperation: A Strategic Opportunity*, Monograph 156, December 2008.

内生产总值的比率超过了60%的门槛。① 新冠肺炎疫情暴发后，非洲债务问题雪上加霜，故而对减债问题更加迫切与关心。事实上，中国政府已经关注这一问题，并且作出相应的承诺。"中方将在中非合作论坛框架下免除有关非洲国家截至2020年年底到期对华无息贷款债务。""中方将同二十国集团成员一道落实二十国集团缓债倡议，并呼吁二十国集团在落实当前缓债倡议基础上，进一步延长对包括非洲国家在内的相关国家缓债期限。"②

3. 来自中国自身的挑战

一是关于中资在非企业责任问题。这是中国参与非洲合作的行为体多元化之后所暴露出来的问题。在中国鼓励有条件的企业"走出去"的同时，许多私营企业、个体户也大量走进非洲，参与中非经贸合作既有国有大型企业，又有中小企业还有大量的个体户，出现了行为体多元化的现象。一般来说大型企业在非洲履行企业社会责任、回报当地社会方面做得好一些，比如中国大型石化企业在苏丹企业责任就做得很成功，

---

① Adedeji Adeniran, *Africa's Rising Debt*, https：//saiia. org. za/research/africas-rising-debt-implications-for-development-financing-and-a-sustainable-debt-management-approach/.

② 习近平：《团结抗疫 共克时艰——在中非团结抗疫特别峰会上的主旨讲话》（2020年6月17日，北京），《人民日报》2020年6月18日第2版。

帮助苏丹建起炼油厂，结束了以前出口原油进口汽油的历史。他们帮助苏丹建立了发电厂，利用炼油厂的废料发电，实现电力自给有余，出口到周边国家。此外，还修路、修桥回馈当地社会等。当然，在企业社会责任问题上，既要肯定成绩，又要正视问题，虚心接受非洲方面的批评。归纳起来看，中资企业在非洲的企业社会责任问题不外乎有以下几种情况：（1）对企业员工教育不够，对当地社会习俗没有应有尊重。（2）雇用当地劳工和转让技术问题。这是非洲学者反映比较多的问题，说明非洲方面迫切希望中国的投资加快当地社会的发展。但是，这一情况比较复杂，不能一刀切地看问题。比如华为、中兴等公司在非洲雇用大量当地劳工，占比高达80%以上。有的建筑承包企业为赶工期，被迫从国内带去一定的熟练工人。而转让技术涉及专利和企业利益问题，政府不能包办，只能通过对非人力资源培训加以解决。（3）环境保护问题。是指中资企业在非洲开矿和从事其他经济活动时对当地环境保护不力。这是一个世界性的问题，不仅非洲有，中国有，发达国家也有，需要通过立法和法律途径予以解决。

二是中非合作的话语权问题。中非关系和中非合作论坛很成功，但是国际话语权掌握在西方发达国家手里，中国在这一问题上疲于应付，比较被动。西方国家为了抹黑中非合作往往颠倒黑白,这在非洲造成了一定的负面影响。中国的传统往往是少说多做,尽管为非洲的发展做了许多实实在在的事情,但是很少主动宣传,企业尤其是如此。这种做法在全球化时代显然已经过时了,当下,既要为非洲继续做实事,同时也要宣传自己。当然,赢得话语权是长期的任务和一项系统工程。

三是关于如何调动地方和民间的积极性。中非关系和中非合作论坛的可持续发展,需要调动地方和民间的积极性。中非关系和中非合作论坛更多的是政府行为,涉及政治、经济、文化和国际事务诸多方面,而地方和民间的积极性主要在经济领域。但是,中非合作要做到可持续发展,只靠政府层面是远远不够的,需要人民与人民之间的交流,加深文化交流和相互了解。

四是对非援助的效率问题。总的来说,中国援助非洲同西方国家相比是非常成功的,西方在过去50多年时间里援助非洲1万多亿美元,却收效甚微,[①] 中国援助非洲仅仅是几千亿元人民币,却留下坦赞铁路、毛里塔尼亚友谊港等丰碑式的成就。当然,中国援助非洲还存在一些值得改进的地方,比如少建大型体育馆这样的形象工程,多建一些民生项目,如医院、学

---

① [赞比亚] 丹比萨·莫约:《援助的死亡》,王涛、杨惠等译,世界知识出版社2010年版,第21页。

校、自来水项目等。近年来，中国开始重视援建与当地民众生活息息相关的项目，建造了一批医院、学院和抗疟疾中心。但在分布上还存在一定的随意性和不合理性，需要更加科学地进行规划和设计。

五是关于中非合作论坛自身的发展。中非合作论坛对中非关系的推动和引领作用已经成为共识。之所以如此，是因为中非合作论坛一直在适应形势的变化不断与时俱进，出台新的合作举措，从最初的减债和人力资源培训，到与非洲共同抗击国际金融危机和应对全球性问题的挑战，等等。但是，每届论坛都要推出许多新的举措确实也是一件不容易的事情，西方援助非洲的"援助疲劳症"会不会出现在中非关系上？中非合作论坛的后续行动委员会涉及36个部门，而中非合作论坛秘书处办公室是在外交部非洲司下的处级单位，协调难度可想而知。中非合作论坛每三年召开一届部长级会议，在非洲国家和中国轮流举办，已经先后在埃塞俄比亚的亚的斯亚贝巴、埃及的沙姆沙伊赫和南非的约翰内斯堡举办过三届（第二届、第四届和第六届，其中第六届为峰会）。中非合作论坛不论在非洲还是在中国举办，主要是中国筹备。发挥非方的更大积极性，而不是仅仅关注中国出台何种援助举措，也是一个值得重视的问题。在中非合作论坛的影响和推动下，中国与非洲之间出现了许多分论坛，如妇女论坛、法律论坛、工业论坛、农业论坛、投资论坛、媒体论坛、智库论坛等,有的是中非合作论坛的分论坛,有的是借用中非合作论坛的影响力实现部门利益的平台,这些分论坛对于营造中非友好合作的热烈气氛是有益的,但在非洲方面看来,误以为都是中非合作论坛的分支,一时间出现了中国与非洲之间会议很多,应接不暇,甚至流于形式,难有实质效果。

三 推动中非合作论坛可持续发展的政策建议

(一) 坚持中非合作的特色

中非合作论坛是世界上相当成功的对非合作机制,需要全面总结论坛成功的经验并且坚持和发扬光大。(1)继续坚持中国"集中力量办大事"的制度优势。继续将中非合作论坛作为对非合作的国家级别平台,集国家之力并调动各部门、地方政府和企业的积极性,整合各种力量办好论坛,以每届论坛通过的行动计划为突破口,为非洲的经济增长、政治稳定等办实事。(2)继续维护中国信守承诺的良好形象。中华民族是一个讲信用的民族,我们的传统是"言必信,行必果",在与非洲合作的时候同样如此。中国切实兑现每届论坛上的各项承诺,切实实现中非在政治、经贸、社会及国际舞台上的相互支持和双赢。(3) 继续坚持对非合作中的不干涉内政、不附加政治条件及和平解决争端等原则。尽管西方国家对中国坚持不干涉原则,尤其对非洲坚持不干涉原则颇有微词,但是只要这一原则是正确的,符合中非关系发展的需要,为大多数非洲国家和民众所认可,那么中国就应该坚持下去。当然也有一个与时俱进的问题,还应该将不干涉与磋商机制有机地结合以来。中华民族是一个爱好和平的民族,以和平的方式解决争端仍然需要坚持下去。(4) 在平等互利的基础上最大限度地满足非洲的需求和非洲的发展。中非合作是互利共赢的合作,在援助非洲的同时,中国也能实现自己的政治利益和经济利益,在这基础上,中国始终平等地对待非洲,并且主动为非洲着想,始终将非洲需求和非洲民生摆在第一位,坚持"授人以渔""多予少取"和"先予后取"的传统做法。(5) 坚持以"四字箴言"和正确义利观为指导。"真、实、亲、诚"四字箴言和正确义利观是新一届中央领导集体提出的中非合作新指针,是中国特色对非外交理论和实践的最新创新。它是在深入总结几十年中非合作的经验和教训基础上提炼出来的,旨在推动中非合作上新台阶的行动指南。坚持正确义利观就是要在对非合作中坚持义利平衡、义利兼顾和义利统一,必要时应该多给非洲一些让利,在实现自身发展的同时，要更多造福非洲当地社会。（6）坚持共商共建共享的原则。中非合作论坛之所以发展得这么好，之所以有效地促进中非关系的全面快速发展，关键因素是我们坚持了这一原则，在中非合作论坛的今后发展中，同样需要坚持这一原则。

（二）加强顶层设计，将中非发展战略相对接

为了进一步充实中非命运和利益共同体的内涵，迫切需要将中非发展战略有机地对接起来，实现相互促进、共同发展。当前中国已经制定了"两个一百年"、实现中华民族伟大复兴的中国梦的奋斗目标；非盟层面制定了《2063 年规划》，提出建立"一个统一、繁荣富强以及和平安宁的非洲"。非洲国家也大多制定了一系列的发展规划，如南非制订了 2030 年规划，把增加就业和促进经济增长放在优先地位，将改善基础设施，推动矿产业、建筑业、制造业、农业、旅游业以及商业服务的发展，以及加快人力资源的培训作为主要手段，此外提倡低碳经济、包容性增长等。

在中非发展战略相对接方面，可以做到以下三点：（1）将中国的"一带一路"建设与非洲跨境基础设施发展战略相对接，以此推动非洲"三网"（高铁、高速公路和区域航空）的发展，同时带动中国的装备出

口和对非工程承包，以及对非贸易和投资的发展。
（2）将中国的经济转型与非洲的工业化战略相对接，做好优质产能转移的大文章。可以选择若干非洲工业化基础比较好的国家，如南非、埃塞俄比亚和肯尼亚等国进行试点，建立新的中非产能对接的工业园区。
（3）中非围绕《2030年议程》，加强合作，在发展理念上发出更多发展中国家的声音。

（三）推动中非合作论坛的全面、协调和可持续发展

一是继续夯实中非政治互信的基础。真诚友好、平等互信是中非合作的政治优势，应该继续坚持。高层互访是深化政治互信的有效手段，也应该继续加强。此外，还应该加强党际合作、地方合作，并且前瞻性地做反对党的工作等。

二是加速推进中非经贸合作转型升级，做到"质量齐增"，并更好地惠及非洲民众。做好贸易和投资方面的平衡，增加对非投资。对非合作中既要重视发展项目，加强与非洲在基建、农业、制造业等领域合作，也要重视民生项目，加强与非洲在医疗、教育等方面合作。

三是推动中非政治关系、经贸合作、人文交流三驾马车齐头并进，在注重加强发展外交和官方交往的

同时，更加重视在非洲和平与安全事务中发挥作用。除了继续参与联合国在非洲的维和行动之外，根据"中非和平安全合作伙伴倡议"，积极探讨向非洲常备军和快速反应部队建设提供帮助，支持非洲集体安全机制建设，与非方共同拓展在人员培训、情报共享、联演联训等方面合作，帮助非方增强维和、反恐、打击海盗等方面的能力。

四是促使中非合作从量的扩张向质的提升转变。以资金支持为例，2015年、2018年都是600亿美元，留学生政府奖学金名额从2003年提出的三年提供6000个，增加到2018年提出的三年5万个，15年时间里增长了7.33倍。从论坛发展的20年来看，中非合作包括对非援助，在量的扩张上已经很快，甚至已经遇到了瓶颈，而质的提升方面发展空间非常大，包括向民生领域倾斜。

（四）不断开辟新的合作领域

自2000年中非合作论坛建立以来，中非合作不断走向深入，中非合作形式涵盖政治合作、经贸合作、人文合作、安全合作、军事合作、国际合作等诸多方面，对非援助从减贫、人力资源培训向应对全球性问题挑战发展。当前，包容性增长、可持续发展和低碳绿色发展已经成为非洲发展理念，为非洲大陆层面和非洲各国政府所强调。这些新的合作理念酝酿着中非合作的新机遇和新的增长点。(1) 加强在绿色经济领域的合作,帮助非洲发展太阳能和水电等清洁能源项目,加强在服务业和旅游业的合作。(2) 非洲关注青年和妇女的就业,中国可利用这一机遇,设计对非洲青年和妇女的专门培训项目和小额贷款项目。(3) 在非洲城市化方面加强合作,如中国在城市旧区改造中积累了丰富经验,可以帮助非洲消除城市贫民窟,或者以城市改造、安居工程为主题举办针对非洲人的培训班。(4) 利用中国的经济先发优势,与非洲加强在5G网络、远程医疗、远程教育、电子商务、物流、海洋经济等领域的合作。(5) 应对全球性问题的挑战,支持中非合作更多向公共领域倾斜。

(五)加强人文交流、民间交流,夯实中非命运共同体的民意基础

中非关系的基础在民间,通过学者交流、媒体互动、青少年交流、旅游观光等多种形式加强中非民间交流,真正做到民相亲、心相知。

一是在非洲大力推广汉语教育。语言在中非交流中扮演着越来越重要的角色,从历史上看,撇开西方国家的殖民主义目的,英法在非洲的语言推广是很成功的。在非洲推广汉语教育,一方面继续扩大在非洲的孔子学院和孔子课堂；另一方面，努力将汉语作为主要外语，纳入非洲中小学的课程。

二是在中国大力发展非洲语言教学。这一方面是为了与在非洲推广汉语相对等，减少在非推广汉语的阻力；另一方面，为了更好地服务于中非合作，以及中非命运和利益共同体的构建。加强对非洲语言的学习，主要是指加强对非洲非通用语的学习，在现有的斯瓦希里语、豪萨语和祖鲁语教学的基础上，开设伊格博语、约鲁巴语、科萨语、阿姆哈拉语、富拉尼语、曼丁哥语、茨瓦纳语，等等。

三是加强中非智库交流，助推非洲国家成立对华研究机构。智库是重要的非政府组织，它与媒体一样，在影响民意方面起着很关键的作用，应该成为我们做工作的重点。在智库交流方面，在原有机制的基础上，建议在非洲每个国家成立1—2个"中国研究中心"的对华研究机构，并且给予一定量的经费支持。该项经费可以考虑让当地的中资企业来出。

四是加强中非媒体交流，充分发挥媒体的舆论引领作用，发出更多的中非友好的声音，为构建中非命运共同体奠定舆论基础。在非洲用当地的语言办报纸和电台，还要讲非洲人听得懂的故事；我们可以邀请非洲媒体记者到中国采访和报道，用他们的镜头和语言向非洲展现一个真实的中国。

五是加强中非青少年交流。中非合作的未来寄托在青少年身上，中非合作论坛的未来发展同样离不开青少年的积极参与。将加强青少年交流纳入中非合作论坛的框架，每年邀请一定数量的非洲青少年到中国参加为期1个月的夏令营。继续保持一定量的对非洲学生的奖学金名额，让更多的非洲留学生来华攻读学位。加大向非洲派遣志愿者的力度，扩大中国在非洲志愿者的规模。

（六）继续强化论坛作为国内对非合作综合平台的作用

中非合作论坛是中国实施对非政策的第一个综合性平台，从20余年实践来看，有必要继续将其建设成整合国内对非关系资源的综合平台，协调好政府企业学界三者关系。首先，整合中央政府和地方政府的对非政策和措施，改变中央热、地方冷，有事热、无事冷，精英热、民间冷的局面。建议由条件具备的中国地方省市主办由中方承担的论坛会议，以充分发挥地方政府的积极性，强化地方政府和公众对中非战略伙伴关系的认识。其次，正确引导国内参与对非关系的多元行为体，使中非经济、文化交流常态化、长期化，防止一窝蜂或忽冷忽热现象。再次，充分发挥学界的作用，与政府企业形成合力。需要运用论坛的机制促进中国非洲学界对中非关系和中非合作论坛的研究，尤其重要的是与非洲学者及国际同行开展对话和交流。2009年第四届中非合作论坛部长级会议上出台的中非联合研究交流计划是一个很好的开端，应该成为一个长期性项目，并在参与方、研究范畴、专家队伍等方面加大力度。目前的研究多为中方主导，建议围绕特定的研究课题组织中非联合研究课题组，由中非学者共同组织研讨会、交流和撰写文章，并最终以中英文形式同步出版。研究过程中，不试图影响中非学者的观念，允许更多的不同声音出现，给人真正的学术自由和中国开放的印象。

（七）继续加强中非合作论坛机制建设

一是在制定对外援助方案、推动双边关系发展的同时，要更多地关注点与面的结合，加强同非洲次区域组织、非洲联盟和非洲发展新伙伴计划的协调，促进非洲的地区一体化进程。在中国提供援助项目上，要建立相应机制，对非洲国家提出的要求进行认真筛选和认证，更多地关注民生工程，关注非洲内部发展分化，照顾非洲弱小国家的利益。更多地咨询非洲地区和次地区组织，通过这些组织切实地落实援助项目。同时，吸收一部分公民社会组织监督有关项目的落实，既保证项目真正落到实处，又增加了透明度，改善了形象。

二是妥善处理好中非合作论坛与分论坛的关系。中非合作论坛需要分论坛烘托气氛，但是，分论坛太多、太滥也会对论坛起负面影响。目前的主要问题是分论坛太滥，没有起到实际作用，所以，今后拟严格控制分论坛的数量，提高分论坛的质量，使分论坛真正为促进中非合作服务。

三是提高中非合作论坛的行政级别和后续行动委员会的协调能力。目前，中非合作论坛的外部形象与内部定位之间存在着一定差距，需适当提升中非合作论坛的地位，并强化后续行动委员会的协调能力，使其可真正发挥国内资源整合平台和国际信息沟通渠道的作用。

四是需要充分调动非洲方面的积极性。非洲方面对中非合作论坛相当重视且寄予厚望，但迄今为止，三年召开一次部长级会议仍然是中国在具体组织和协调，即便在非洲举行，也基本上是中国在操办。当然这种局面也是由多种因素造成的，但日益走向联合自强的非洲也应该以更积极主动的姿态参与其中，共同推动论坛的持续发展。

（八）坚持中非合作的开放性

中非合作不是封闭排他的，中方欢迎非洲合作伙伴多元化，愿在充分尊重非方意愿基础上，同国际伙伴在非开展三方合作。中国主张在三方合作时坚持优势互补和合作共赢，形成促进非洲发展的合力。中方愿同国际社会一道，帮助非洲国家妥善应对地区冲突、恐怖主义、气候变化、难民移民等全球性挑战，全面落实2030年可持续发展议程。中国还希望发挥中非合作的引领作用，推动国际社会加大对非投入，敦促发达国家信守承诺，继续向非洲提供资金、技术和能力建设支持，照顾非洲国家在发展问题上的关切。

一是在与欧美开展对非三方合作时，中国自己的特色和原则不能轻易放弃，在坚持以我为主和充分尊重非洲的原则基础上，可就非洲问题同美欧等发达国家展开磋商和对话，在促进非洲经济发展的具体项目上可接受和参与同西方合作，以积极成果打消非洲顾虑。

二是在与其他新兴大国开展三方合作时可以步子大一些。鉴于南非已经加入金砖国家合作组织，以及中国与其他新兴大国合作的战略意义，在非洲问题上可以深化合作。当然，中国与其他新兴大国在非洲问题上既有合作又有竞争，但这种竞争与国际力量对比相较是次要的。

三是规划同国际多边机构在非洲展开合作。国际多边机构，如联合国、世界银行、国际货币基金组织等，在非洲有着较多的项目，其他国际对非合作机制也与国际多边机构有不同程度的合作。因此，研究中非合作论坛与其合作的方案，以待时机成熟时及时展开，现在就应当未雨绸缪。

四是加强在非洲问题上与亚洲其他国家的合作，进而实现新的亚非合作。这种形式的三方合作有较大的难度，因为亚洲的地区合作走在其他洲的后面，但也不是不可能的，甚至也是值得进一步提倡的。在东亚地区，中日韩合作机制已经建立，时机成熟的时候也可以在非洲问题上进行合作。亚洲与非洲可以交流发展经验，中国也可以与亚洲其他国家在对非援助方面进行有益的合作。

五是加强与国外智库的合作。对非研究是近年来国外智库研究的新热点，他们也很想了解中国智库对非洲研究的最新进展。通过中国智库与外国智库的合作，让对方更多地了解中国的对非战略和政策，以减少西方对中方的误判，并增加理解。

结 束 语

中非合作论坛已经走过 20 年的历程，开创了中非互利共赢的局面。在论坛的发展进程中，积累了丰富的经验，这些经验包括：领导重视，优化论坛顶层设计；平等协商，契合非洲发展需求；合作共赢，惠及中非双方利益；与时俱进，内容不断调整充实；机制保障，各项举措落实得力；南南合作，为发展中国家共谋发展。这些经验既是中非合作论坛取得成功的重要保证，也是中非合作模式的具体体现，在论坛今后的发展中，要继续坚持这些体现中非合作模式的成功经验。

当前，非洲国家普遍进入探索适合自身国情的发展道路的关键阶段，迫切希望加快工业化和经济多元化进程，摆脱在全球经济产业价值链中的低端地位。中国经过 40 多年改革开放，在资金、技术、装备、人才等方面积累起相当优势，与非洲自然资源、人口红利、市场潜力等发展优势互补效应明显，在中非合作论坛这一合作机制的有力推动下，中国与非洲国家在合作共赢、共同发展的道路上将会不断取得更大的成果。

中国已经成为世界第二大经济体，在不久的将来，中国将成为世界第一大经济体，但是中国人均GDP在世界上处于中游地位，中国依然是发展中大国。所以中非合作的性质不会改变，仍然属于南南合作的范畴。在习近平新时代中国特色社会主义思想指引下，中国外交明确以推动建设相互尊重、公平公正、合作共赢为基础的新型国际关系和构建人类命运共同体为总目标。中非合作论坛将进一步促进中非在国际事务中团结协作，增强南南合作发展势头，为促进国际关系的民主化做出新贡献。

在全球性挑战凸显的背景下，中国和非洲国家之间要积极规划后疫情时代的合作，构建更加紧密的中非命运共同体。我们相信只要继续坚持中非合作模式，以更加开放的姿态迎接中非合作论坛下一个20年，到那时，中国两个100年的奋斗目标接近实现，非洲离《2063年议程》所确定的目标也不远了。中国与非洲将对世界做出更大的贡献。

主要参考文献

（一）重要文献与文件

邓小平：《邓小平文选》（第三卷），人民出版社 1993 年版。

习近平：《习近平谈治国理政》（第一卷），外文出版社 2018 年版。

习近平：《习近平谈治国理政》（第二卷），外文出版社 2017 年版。

推进"一带一路"建设工作领导小组办公室：《共建"一带一路"倡议进展、贡献与展望》，外文出版社 2019 年版。

外交部政策规划司编：《中非关系史上的丰碑：援建坦赞铁路亲历者的讲述》，世界知识出版社 2015 年版。

魏建国主编：《中非合作论坛北京峰会文件汇编》（上、中、下），世界知识出版社 2007 年版。

中华人民共和国国务院公报：《中国对非洲政策文件》，2006 年。

中华人民共和国国务院公报：《中国对非洲政策文

件》，2015年。

中华人民共和国国务院新闻办公室：《新时代的中国与世界》白皮书（2019年）。

中华人民共和国国务院新闻办公室：《中国的对外援助（2014）》白皮书。

中华人民共和国国务院新闻办公室：《中国与非洲的经贸合作》白皮书（2010年）。

中华人民共和国国务院新闻办公室：《中国与非洲的经贸合作》白皮书（2013年）。

中华人民共和国外交部：《中非合作论坛第五届部长级会议文件汇编》，世界知识出版社2012年版。

中华人民共和国外交部、中共中央文献研究室：《毛泽东外交文选》，中央文献出版社1994年版。

中华人民共和国外交部、中共中央文献研究室：《周恩来外交文选》，中央文献出版社1990年版。

（二）中文著作

艾周昌、沐涛：《中非关系史》，华东师范大学出版社1996年版。

安春英：《非洲的贫困与反贫困问题研究》，中国社会科学出版社2010年版。

李安山等：《非洲梦：探索现代化之路》，江苏人民出版社2013年版。

李新烽、吴传华、张春宇:《新时代中非友好合作:新成就、新机遇、新愿景》,中国社会科学出版社2018年版。

刘鸿武、罗建波:《中非发展合作:理论、战略与政策研究》,中国社会科学出版社2011年版。

唐家璇:《劲雨煦风》,世界知识出版社2009年版。

钱其琛:《外交十记》,世界知识出版社2003年版。

齐建华:《影响中国外交决策的五大因素》,中央编译出版社2010年版。

舒运国、张忠祥主编:《非洲经济发展报告(2013—2104)》,上海人民出版社2014年版

舒运国、张忠祥主编:《非洲经济评论2018》,上海三联书店2018年版。

武芳:《中非贸易投资便利化:环境、政策与应对措施》,中国商务出版社2018年版。

谢守红、甘琛、王庆:《非洲国家投资环境研究》,经济科学出版社2017年版。

杨立华等:《中国与非洲经贸合作发展总体战略研究》,中国社会科学出版社2013年版。

张春:《中非关系国际贡献论》,上海人民出版社2012年版。

张海冰:《发展引导型援助:中国对非洲援助模式研究》,上海人民出版社2013年版。

张宏明:《中国和世界主要经济体与非洲经贸合作研究》,世界知识出版社2012年版。

张宏明主编:《非洲发展报告2015—2016》,社会科学文献出版社2016年版。

张宏明主编:《非洲发展报告2017—2018》,社会科学文献出版社2018年版。

张忠祥:《中非合作论坛研究》,世界知识出版社2012年版。

智宇琛:《非洲经济发展基本因素研究》,中国社会科学出版社2018年版。

[美]黛博拉·布罗蒂加姆:《龙的礼物:中国在非洲的真实故事》,沈晓雷译,社会科学文献出版社2012年版。

(三) 英文著作与报告

African Development Bank Group, *AFDB Strategy for 2013 - 2022, At the Center of Africa's Transformation*, May 16, 2013.

African Development Bank Group, *African Economic Outlook* 2020, African Development Bank 2020.

AFDB, AU and ECA, *African Statistical Yearbook* 2009.

African Union Commission, *Agenda* 2063: *The Africa We Want Framework Document*, Addis Ababa: The African

Union, September 2015.

Broadman, Harry G. , *Africa's Silk Road: China and India's New Economic Frontier*, Washington, D. C. : The World Bank, 2007.

Cheru, F. et al. (eds.), *The Rise of China & India in Africa*, Zed Books and Nordic Africa Institute, Uppsala, New York, 2010.

Chris Alden, *China in Africa: Partner, Competitor or Hegemon?* New York: Zed Books, 2009.

Firoze Manji and Stephen Marks (eds.), *African Perspectives on China in Africa*, Cape Town: Fahamu, 2007.

Lan, Shanshan, *Between Mobility and Immobility: Undocumented African Migrants Living in the Shadow of the Chinese State*, Springer Berlin Heidelberg, 2016.

Mckingsey Global Institute, *Dance of the Lions and Dragons*, June 2017.

Mckingsey Global Institute, *China and the World: Inside the Dynamics of a Changing Relationship*, July 2019.

Schiere, Richard & Ndikumana, L. , (eds.), *China and Africa: an Emerging Partnership for Development?* African Development Bank Group, 2011.

Taylor, Lan, *China's New Role in Africa*, Lynne Rienner Pub. , 2010.

张忠祥，上海师范大学非洲研究中心主任、教授、博士生导师。兼任中国亚非学会副会长、中国非洲史研究会副会长，肯尼亚肯雅塔大学访问学者，多次访问非洲。主要研究领域为非洲历史与中非关系，出版《尼赫鲁外交研究》《中非合作论坛研究》和《列国志·马里》等著作，发表学术论文六十余篇。主持完成国家社科基金重点项目1项，主持完成省部级项目9项。2003年、2008年获浙江省哲学社会科学优秀成果奖（著作类）三等奖，2016年获外交部中非联合研究交流计划成果优秀奖。

詹世明，中国社会科学院西亚非洲研究所《西亚非洲》编辑部主任、副研究员，兼任中国亚非学会秘书长、中国非洲史研究会理事。主要研究方向为非洲政治、安全和区域组织发展问题。主要著述有《非洲经济圈与中国企业》（合著，2001年）、《中国和世界主要经济体与非洲经贸合作研究》（合著，2012年）、《应对气候变化：非洲的立场与关切》（论文，2009年）、《非洲统一组织在非洲一体化中的历史作用》（论文，2013年）等。

陶陶，1992年生，上海师范大学非洲研究中心博士生。主要研究方向为非洲法语国家研究和中非关系。参与了《列国志·刚果共和国》的编写和

《非洲民间故事》的翻译。曾赴刚果（布）马利安·恩古瓦比大学孔子学院任汉语教师志愿者。曾担任法语翻译赴几内亚、贝宁执行农业农村部的中非农业合作项目。